mijotés & poêlées

mijotés & poêlées

Stéphan Lagorce

Photographies, Éric Fénot
Stylisme, Lissa Streeter

Avec la collaboration de Gaz de France

HACHETTE
Pratique

sommaire

je veux la recette !

Un grand classique qui a du bon / Servez chaud / Les ingrédients pour 8 personnes / Dans un mixeur, réduisez en fine purée l'ail, le basilic et l'huile d'olive avec le parmesan et les pignons de pin / HACHEZ LES ÉCHALOTES / Cette recette mijotée est un vrai délice / Le verre de vin qui va bien / 1 kg de calamars frais nettoyés par le poissonnier / Parsemez le tout d'olives noires coupées en petits morceaux / Coupez le poulpe en morceaux / LE TRUC DE STÉPHAN / 1 l de bouillon de viande ou de fond de veau maison / Dans une cocotte, assemblez la viande, les légumes / Mélangez bien, faites mijoter 2 min et servez aussitôt / POUR LE PESTO / Poêlée de morue aux pommes de terre / 2 pincées de poivre de Cayenne / Faites chauffer 1 bon filet d'huile d'olive à feu assez vif / RECETTE POUR ÉPATER / À faire en plein été, en vacances, avec des amis... / Vous pouvez aussi faire la recette avec des queues de crevettes crues décortiquées

Lotte à l'américaine

PRÉPARATION 30 MIN | **CUISSON** 25 À 30 MIN | **COÛT** ★★★ | **DIFFICULTÉ** ★★

→ UN GRAND CLASSIQUE QUI A DU BON… ET À BIEN CONNAÎTRE. VU LE PRIX QU'ATTEINT LA LOTTE MAINTENANT, RÉSERVEZ-LA POUR LES VRAIS AMIS !

1 Salez et poivrez les filets de lotte. Préchauffez le four à 150 °C (th. 5). Hachez les échalotes. Étalez le beurre dans un plat allant au four et déposez les échalotes dessus. Posez les filets de lotte dans le plat, recouvrez d'une feuille de papier d'aluminium et enfournez pour 25 à 30 min de cuisson.

2 Pendant ce temps, préparez la sauce. Dans un bol, mélangez 40 g de beurre avec la farine. Hachez la carotte, l'oignon et les gousses d'ail. Coupez les tomates en tranches. Dans une casserole, faites fondre le reste de beurre. Ajoutez les arêtes de lotte, la carotte, l'oignon et laissez cuire à feu doux pendant 5 min en remuant de temps en temps. Versez le cognac. Faites bouillir 1 min, puis ajoutez l'ail, les tomates, le vin blanc, le fumet et le concentré de tomate. Salez et poivrez. Couvrez la casserole et laissez mijoter 20 min en retirant, de temps en temps, l'écume qui apparaît à la surface.

3 Sortez la lotte du four, placez-la sur un plat et ajoutez le jus de cuisson à la sauce.

4 Filtrez la sauce, ajoutez le mélange beurre et farine en fouettant, puis laissez cuire à feu très doux pendant 2 min. Salez et poivrez si nécessaire.

5 Nappez les filets de lotte de sauce et décorez de feuilles de cerfeuil.

Les ingrédients pour 8 personnes

2 kg de filets de lotte
+ les arêtes coupées en morceaux
2 échalotes
30 g de beurre

Pour la sauce

80 g de beurre
40 g de farine
1 carotte
1 oignon
4 gousses d'ail
4 tomates
5 cl de cognac
20 cl de vin blanc
20 cl de fumet de poisson
1 cuil. à soupe de concentré de tomate
1 botte de cerfeuil
sel et poivre

Astuces_ • Si vous ne savez pas faire le fumet de poisson, utilisez les produits déshydratés que l'on trouve dans le commerce. • Pour « corser » un peu la recette, ajoutez 1 pointe de poivre de Cayenne.

la botte secrète d'aude et leslie

Pour d'autres saveurs, troquez le cerfeuil contre de la coriandre ciselée. Tout aussi bon !

le verre de vin qui va bien

Proposez un sancerre ou, tout autre chose, un graves blanc.

Calamars mijotés à la tomate et au basilic

PRÉPARATION 25 MIN | **CUISSON** 25 MIN | **COÛT** ★★★ | **DIFFICULTÉ** ★★

1 Rincez les calamars pour éliminer le sable si besoin, puis égouttez-les. Dans une grande poêle, faites chauffer à feu vif 5 cl d'huile d'olive. Salez et poivrez les calamars, et faites-les sauter dans la poêle pendant 5 min environ. Si celle-ci est trop petite, réalisez cette opération en deux temps. Réservez ensuite les calamars dans un saladier.

2 Coupez les tomates en tranches, hachez 5 gousses d'ail et émincez les oignons. Faites chauffer 5 cl d'huile d'olive à feu vif dans une poêle et ajoutez les oignons. Faites cuire pendant 1 min environ, puis ajoutez les tomates, le concentré de tomate, les 5 gousses d'ail hachées, le fumet et les calamars. Couvrez et laissez mijoter pendant 15 min.

3 Au terme de la cuisson, placez les calamars dans un plat de service. Versez toute la sauce de la cuisson dans un mixeur. Ajoutez les feuilles de la botte de basilic, la gousse d'ail restante, le safran et le filet d'huile d'olive. Mixez finement. Salez, poivrez et nappez les calamars de sauce. Servez chaud.

Les ingrédients pour 6 personnes

1 kg de calamars frais nettoyés par le poissonnier
10 cl + 1 filet d'huile d'olive
500 g de tomates
6 gousses d'ail
2 oignons blancs
1 cuil. à soupe de concentré de tomate
10 cl de fumet de poisson
1 botte de basilic
1 pointe de safran en poudre
sel et poivre

Astuces_ • Inutile de cuire les calamars très longtemps : ils risquent de durcir. • Quand vous les achetez, leur fraîcheur doit être irréprochable. Le seul test : approchez-vous, ils doivent être pratiquement inodores. Sinon, renoncez à cette recette.

la botte secrète d'aude et leslie

Parsemez le tout d'olives noires coupées en petits morceaux. Mmm les saveurs du Sud !

le verre de vin qui va bien

Plutôt du vin blanc frais, pourquoi pas un bergerac bien sec.

Poulpe aux poivrons et pesto

PRÉPARATION 25 MIN I **CUISSON** 1 H I **COÛT** ★★ I **DIFFICULTÉ** ★★

→ VOILÀ UNE RECETTE POUR LES AMATEURS... EN GÉNÉRAL, LE POULPE FAIT FUIR TOUT LE MONDE. C'EST POURTANT UN SUCCULENT PRODUIT ASSEZ MÉCONNU.

1 Coupez le poulpe en morceaux ou faites-le faire par votre poissonnier si votre poulpe est frais. Dans une cocotte, faites chauffer à feu vif 4 cuil. à soupe d'huile d'olive. Salez et poivrez les morceaux de poulpe. Faites-les sauter pendant 10 min environ, en deux ou trois temps si votre cocotte est trop petite. Réservez-les dans un saladier.

2 Hachez les oignons et les gousses d'ail. Coupez les tomates et les poivrons en tranches. Faites chauffer le reste d'huile à feu vif et ajoutez les oignons. Faites cuire pendant 2 min environ, puis ajoutez les tomates et les poivrons. Faites cuire encore 2 min en remuant, puis incorporez le concentré de tomate, l'ail, le vin, le fumet et les morceaux de poulpe. Couvrez et laissez mijoter à feu doux pendant 45 min.

3 Pendant ce temps, préparez le pesto. Épluchez les gousses d'ail. Dans un mixeur, assemblez les feuilles des bottes de basilic, l'huile, l'ail, les pignons et le parmesan. Réduisez ces ingrédients en une fine purée et placez le pesto dans un bol.

4 Vérifiez la cuisson des poulpes en les goûtant : ils doivent être assez tendres. Si ce n'est pas le cas, prolongez un peu la cuisson.

5 Au moment de passer à table, salez et poivrez le pesto si nécessaire. Ajoutez-le dans la cocotte contenant les morceaux de poulpe et mélangez. Stoppez le bouillon et servez aussitôt.

Les ingrédients pour 6 personnes

1,5 kg de poulpe décongelé
3 cuil. à soupe d'huile d'olive + 1 filet
2 oignons blancs
4 gousses d'ail
300 g de tomates
500 g de poivrons (rouges, oranges et jaunes)
1 cuil. à soupe de concentré de tomate
10 cl de vin blanc sec
10 cl de fumet de poisson
sel et poivre

Pour le pesto

6 gousses d'ail
2 bottes de basilic
8 cl d'huile d'olive
50 g de pignons de pin
50 g de parmesan

le truc de stéphan

La congélation attendrit la chair du poulpe. Si vous utilisez du poulpe frais, allongez sensiblement les temps de cuisson.

le verre de vin qui va bien

Proposez un côtes-du-luberon rouge.

Zarzuela

PRÉPARATION 25 MIN | **CUISSON** 55 MIN | **COÛT** ★★★ | **DIFFICULTÉ** ★★

→ CETTE RECETTE CATALANE EST VRAIMENT DÉLICIEUSE. ON PEUT LA FAIRE AVEC À PEU PRÈS TOUS LES POISSONS QUE L'ON VEUT SAUF POUR LE BOUILLON OÙ LES ROUGETS GRONDINS (OU LES PETITS POISSONS DE ROCHES) SONT INDISPENSABLES.

1 Préparez le bouillon. Coupez le poisson en tranches ou faites-le faire par votre poissonnier. Hachez l'oignon et le blanc de poireau. Coupez les tomates en tranches et épluchez les gousses d'ail.

2 Dans une cocotte, faites chauffer l'huile d'olive à feu moyen, puis ajoutez le poisson. Faites cuire pendant 1 min en mélangeant. Ajoutez l'oignon et le poireau et faites cuire 2 min. Ajoutez les tomates et l'ail. Couvrez la cocotte et laissez cuire à feu assez doux pendant 10 min, en remuant de temps en temps. Ajoutez le vin, le fumet, le safran et laissez cuire à feu doux 40 min. Filtrez la préparation à l'aide d'un moulin à purée pour bien presser la pulpe du poisson et des légumes, et récupérez le bouillon. Salez et poivrez.

3 Épluchez les pommes de terre et faites-les cuire pendant 20 à 25 min à l'eau bouillante. Rincez les calamars sous l'eau pour retirer le sable. Coupez la lotte en morceaux et les filets de daurade en deux. Dans une grande cocotte, versez le bouillon. Ajoutez les pommes de terre, la lotte, la daurade, les rougets, les moules, les langoustines et les calamars. Couvrez la cocotte et faites cuire à feu doux pendant 10 min environ. Servez brûlant.

Les ingrédients pour 6 personnes

Pour le bouillon

1 kg de rougets grondins ou poissons de roches
1 oignon
1 blanc de poireau
500 g de tomates
6 gousses d'ail
6 cuil. à soupe d'huile d'olive
10 cl de vin blanc sec
40 cl de fumet de poisson
1 pincée de safran
sel et poivre

Pour le poisson et les légumes

400 g de petites pommes de terre
300 g de calamars coupés en anneaux
300 g de lotte
500 g de filets de daurade
3 rougets
6 moules d'Espagne prêtes à cuire
6 langoustines

le truc de stéphan

Le bouillon de base doit être bien corsé et concentré car les morceaux de poisson qui cuisent dedans à l'étape 3 donnent un jus qui a tendance à l'affadir.

le verre de vin qui va bien

Un rosé de qualité du Languedoc-Roussillon.

Petit ragoût d'escargots

PRÉPARATION 25 MIN | **CUISSON** 25 MIN | **COÛT** ★★ | **DIFFICULTÉ** ★★

1 Coupez l'oignon en petits dés ou hachez-le. Faites de même pour la carotte et le céleri. Dans une petite cocotte, faites fondre 1 noix de beurre à feu moyen, puis faites cuire les cèpes et les légumes pendant 5 min en mélangeant souvent.

2 Égouttez les escargots et coupez-les en deux s'ils sont trop gros. Ajoutez-les à la cocotte. Laissez cuire lentement pendant 5 min. Salez, poivrez et versez l'armagnac. Faites-le évaporer complètement, puis ajoutez le fond de veau. Faites mijoter pendant 15 min.

3 Hachez l'ail et le persil. Ajoutez la crème dans la cocotte. Laissez cuire 5 min, puis incorporez l'ail et le persil. Vérifiez l'assaisonnement. Ajoutez 1 noix de beurre en mélangeant et servez bien chaud.

Les ingrédients pour 4 personnes

1 oignon
1 carotte
1 branche de céleri
300 g de cèpes surgelés
2 noix de beurre
300 g d'escargots en boîte
5 cl d'armagnac
25 cl de fond de veau maison (voir recette p. 116) ou déshydraté du commerce
2 gousses d'ail
½ botte de persil
15 cl de crème fraîche
sel et poivre

Astuces_ • Vous pouvez servir ce ragoût dans des croûtes de pâte feuilletée. • Si la sauce vous paraît trop liquide, épaississez-la en ajoutant 1 noix de beurre mélangée avec 1 cuil. à café rase de Maïzena après l'avoir laissée mijoter pendant 2 min environ.

la botte secrète d'aude et leslie

Pour une présentation au top, servez ce petit ragoût dans une corolle de feuilles de brick. Pour cela, réduisez le diamètre des feuilles de brick de façon à obtenir des disques plus petits. Puis disposez les disques deux par deux dans des ramequins beurrés de façon à obtenir des corolles. Mettez au four 5 à 6 min environ.
Ça va croustiller !

le verre de vin qui va bien

Un faugères rouge.

Bœuf en sauce au bergerac

PRÉPARATION 15 MIN | **CUISSON** 2 H 30 | **COÛT** ★★ | **DIFFICULTÉ** ★★★

→ DÉLICIEUSE AVEC LE BERGERAC, CETTE RECETTE L'EST AUSSI AVEC DU CAHORS... À VOUS DE CHOISIR. DANS TOUS LES CAS, LA CUISSON DOIT ÊTRE TRÈS LENTE POUR BIEN ATTENDRIR LE BŒUF.

1 Coupez la viande de bœuf en morceaux. Faites chauffer de l'huile de tournesol dans une grande poêle à feu très vif. Faites sauter les oignons et les carottes pendant 5 min et réservez-les. Faites ensuite dorer les morceaux de bœuf en deux ou trois fois, selon la taille de votre poêle, pendant 10 min environ.

2 Dans une cocotte, assemblez la viande, les légumes, le bergerac, le bouillon et le bouquet garni. Salez, poivrez et portez à ébullition. Couvrez et laissez cuire à petit feu pendant 2 h environ. Goûtez la viande : elle doit être bien tendre. Quand celle-ci est cuite, égouttez-la et réservez-la dans un saladier. Maintenez le jus de cuisson au chaud dans la cocotte, et dégraissez-le.

3 Faites cuire la farine et le beurre dans une casserole pendant 2 min à feu doux. Ajoutez le mélange beurre et farine encore chaud dans la cocotte en fouettant fortement. Goûtez la sauce, salez et poivrez si nécessaire.

4 Replacez la viande cuite dans la sauce et laissez cuire encore pendant 20 min environ. Hachez finement l'ail et le persil. Supprimez le bouquet garni de la cocotte. Incorporez l'ail et le persil. Servez très chaud.

Les ingrédients pour 6 à 8 personnes

1,5 kg de gîte de bœuf désossé ou de paleron
huile de tournesol
3 oignons
3 carottes
1 l de vin de bergerac rouge
1 l de bouillon de viande ou de fond de veau maison (voir recette p. 117) ou déshydraté du commerce
1 bouquet garni
65 g de farine
90 g de beurre
3 gousses d'ail
1/2 botte de persil plat
sel et poivre noir

le tuyau de laurence

Comme tous les plats mijotés, ils sont encore meilleurs préparés la veille et réchauffés à feu doux. Pour ce classique, servez-le avec des pâtes fraîches ou des coquillettes.

le verre de vin qui va bien

Une bouteille de bergerac rouge, bien sûr !

Bœuf mijoté aux olives

PRÉPARATION 15 MIN | **CUISSON** 2 H 30 | **COÛT** ★★ | **DIFFICULTÉ** ★★

→ TERMINÉE AVEC UN HACHIS D'OLIVES ET DE BASILIC, CETTE RECETTE MIJOTÉE EST UN VRAI DÉLICE...

1 Coupez le bœuf en morceaux ou faites-le faire par votre boucher. Salez et poivrez la viande. Dans une grande poêle, faites chauffer de l'huile d'arachide à feu vif et faites colorer tous les morceaux de bœuf.

2 Coupez les tomates en tranches. Dans une cocotte, faites chauffer de l'huile d'arachide à feu moyen et placez ensuite les morceaux de bœuf. Ajoutez la farine et mélangez bien. Laissez cuire 5 min, puis ajoutez les tomates et le bouillon. Couvrez, portez à ébullition et laissez mijoter pendant 1 h 30.

3 Épépinez les poivrons et coupez-les, ainsi que les oignons et l'aubergine. Faites-les tous colorer dans une poêle pendant 5 min avec un peu d'huile. Ajoutez-les à la viande et poursuivez la cuisson pendant 35 min.

4 Épluchez les gousses d'ail. Dans un mixeur, réduisez en fine purée 1/3 des olives, l'ail, les feuilles de la botte de basilic et l'huile d'olive.

5 Lorsque la viande est bien tendre, retirez la graisse de la sauce avec une cuillère. Ajoutez le hachis d'olives et de basilic, et le reste des olives. Mélangez bien, faites mijoter 2 min et servez aussitôt.

Les ingrédients pour 6 personnes

1,2 kg de paleron de bœuf
huile d'arachide
6 tomates
1 cuil. à soupe de farine
50 cl de bouillon de viande ou de fond de veau maison (voir recette p. 117) ou déshydraté du commerce
2 poivrons jaunes
2 oignons
1 aubergine
6 gousses d'ail
200 g d'olives vertes et noires
1 botte de basilic
6 cuil. à soupe d'huile d'olive
sel et poivre

le verre de vin qui va bien

Proposez un bordeaux rosé ou un côtes-du-luberon rouge.

Blanquette

Blanquette de veau aux herbes

PRÉPARATION 25 MIN | **CUISSON** 1 H 30 | **COÛT** ★★★ | **DIFFICULTÉ** ★★

1 Placez la viande dans une marmite et recouvrez-la de 2 cm d'eau froide environ. Portez à ébullition en retirant l'écume qui apparaît en surface, puis laissez cuire lentement pendant 15 min. Plongez alors la garniture pour pot-au-feu, les clous de girofle, le gros sel et le bouquet garni dans la marmite. Cuisez ainsi à petit feu et à ébullition constante pendant 1 h 30. Pendant ce temps, hachez toutes les herbes.

2 Lorsque la viande est cuite, égouttez-la. Retirez les légumes : vous pouvez les consommer froids, en salade, par exemple. Éliminez le bouquet garni et les clous de girofle. Récupérez 1,2 l de bouillon.

3 Dans une casserole, faites cuire à feu doux la farine et le beurre pendant 5 min en remuant sans arrêt. Ajoutez le bouillon très chaud en fouettant vivement. Faites cuire très lentement pendant 5 min. Battez le jaune d'œuf avec la crème et ajoutez-le à la sauce brûlante. Ne faites plus bouillir. Rectifiez l'assaisonnement si nécessaire.

4 Ajoutez la viande et toutes les herbes hachées dans la casserole. Faites frémir sans bouillir. Servez très chaud avec du riz et décoré de quelques brins de cerfeuil.

Les ingrédients pour 6 à 8 personnes

1,4 kg de viande de veau en morceaux (épaule et collier)
1 garniture pour pot-au-feu
2 clous de girofle
1 cuil. à soupe rase de gros sel
1 bouquet garni
10 grains de poivre

Pour les herbes

1 botte de ciboulette
1 botte de basilic
1 botte de cerfeuil

Pour la finition de la sauce

60 g de farine
100 g de beurre
1 jaune d'œuf
20 cl de crème fraîche
cerfeuil pour le décor
sel et poivre noir fraîchement moulu

Astuce_ Vous trouverez la garniture pour pot-au-feu dans le rayon des fruits et légumes de votre supermarché.

la botte secrète d'aude et leslie

Pour apporter une petite note exotique à ce plat traditionnel, ajoutez un peu de noix de coco râpée et quelques raisins secs dans le riz qui l'accompagne.

le tuyau de laurence

Vous pouvez ajoutez le jus d'1/2 citron à votre sauce, cela donne une blanquette encore plus légère.

le verre de vin qui va bien

Avec cette blanquette de veau, servez soit un graves blanc, soit un sancerre.

Osso-buco mijoté au safran

PRÉPARATION 25 MIN | **CUISSON** 1 H 40 | **COÛT** ★★★ | **DIFFICULTÉ** ★★

→ MIJOTÉ AVEC DES PISTILS DE SAFRAN, L'OSSO-BUCO DEVIENT UN METS RAFFINÉ. À DÉCOUVRIR...

1 Salez et poivrez la viande. Dans une grande poêle, faites chauffer de l'huile de tournesol à feu vif et faites colorer les morceaux de veau. Hachez la carotte, les oignons et les gousses d'ail. Versez de l'huile de tournesol dans une cocotte et placez ensuite les morceaux de veau colorés. Ajoutez la farine, la carotte, les oignons et l'ail. Laissez cuire 5 min environ en mélangeant très souvent.

2 Émincez les tomates. Ajoutez le bouquet garni, les tomates, le safran et le concentré de tomate dans la cocotte. Versez le jus d'orange, le vin blanc et le bouillon. Couvrez la cocotte et laissez cuire à feu doux pendant 1 h 20 environ. L'ébullition doit être régulière et constante.

3 Quand la viande est cuite, éliminez le bouquet garni. Goûtez la sauce et, si nécessaire, ajoutez un peu de sel et de poivre. Ajoutez la crème et laissez cuire 5 min. Servez bien chaud avec un riz blanc nature.

Les ingrédients pour 6 personnes

6 belles tranches de jarret de veau avec os
huile de tournesol
1 carotte
2 oignons
5 gousses d'ail
50 g de farine
600 g de tomates
1 bouquet garni
2 pincées de pistils de safran
1 cuil. à soupe de concentré de tomate
20 cl de jus d'orange
10 cl de vin blanc
40 cl de bouillon ou de fond de veau maison (voir recette p. 116) ou déshydraté du commerce
20 cl de crème fraîche
sel et poivre noir fraîchement moulu

le verre de vin qui va bien

Un rouge italien, à votre choix...

Veau mitonné à la tomate

PRÉPARATION 25 MIN | **CUISSON** 1 H 40 | **COÛT** ★★★ | **DIFFICULTÉ** ★★

→ TOUT SIMPLE, TOUT BON ET ENCORE MEILLEUR QUAND C'EST RÉCHAUFFÉ. POUR BIEN FAIRE, PRENEZ DES TOMATES OLIVES BIEN FERMES...

1 Coupez le veau en morceaux ou faites-le faire par votre boucher. Salez-les et poivrez-les. Dans une grande cocotte, faites chauffer de l'huile d'arachide à feu vif. Faites colorer les morceaux de veau pendant 5 min environ, puis saupoudrez-les de farine. Mélangez et poursuivez la cuisson encore 5 min. Hachez les oignons et les gousses d'ail, et ajoutez-les à la viande. Laissez cuire 5 min en mélangeant de temps en temps.

2 Coupez les tomates en tranches. Ajoutez dans la cocotte le bouquet garni, le vin, le concentré de tomate, les tomates et le fond de veau. Couvrez la cocotte et laissez mijoter pendant 1 h environ.

3 Retirez la graisse de la sauce avec une cuillère, puis ajoutez les champignons. Remettez à cuire pendant 30 min. Hachez la ciboulette. Ajoutez-la à la préparation avec l'huile d'olive. Salez et poivrez. Servez bien chaud.

Les ingrédients pour 6 à 8 personnes

1,2 kg d'épaule de veau
huile d'arachide
40 g de farine
4 oignons
2 gousses d'ail
800 g de tomates
1 petit bouquet garni
20 cl de vin blanc
1 cuil. à soupe de concentré de tomate
30 cl de fond de veau maison (voir recette p. 116) ou déshydraté du commerce
400 g de petits champignons de Paris
1 botte de ciboulette
4 cuil. à soupe d'huile d'olive
sel et poivre

le verre de vin qui va bien

Allez, sortez un saint-émilion, la recette le mérite bien...

Agneau mijoté au curry

PRÉPARATION 30 MIN | **CUISSON** 1 H 10 | **COÛT** ★★ | **DIFFICULTÉ** ★★

Les ingrédients pour 6 à 8 personnes

- 1,5 kg d'épaule d'agneau sans os
- huile de tournesol
- 1 cuil. à soupe de farine
- 2 cuil. à soupe de curry
- 1 pomme
- 1 banane
- 1 mangue
- 4 tomates
- 3 gousses d'ail
- 3 oignons
- 20 cl de jus d'orange
- le jus d'1 citron vert
- 50 cl de fond de volaille, ou de veau, maison (voir recettes pp. 116-117) ou déshydraté du commerce
- sel et poivre

1 Coupez la viande en morceaux de la taille d'une grosse noix. Salez et poivrez. Faites chauffer à feu vif un peu d'huile de tournesol dans une poêle. Faites dorer tous les morceaux de viande pendant 10 min environ. Puis, faites chauffer de l'huile dans une cocotte à feu moyen et placez-y la viande. Ajoutez la farine, le curry et faites cuire 1 à 2 min en remuant.

2 Épluchez et épépinez la pomme. Épluchez la banane et la mangue, puis coupez tous ces fruits en dés. Coupez les tomates en tranches. Hachez les gousses d'ail. Émincez les oignons. Ajoutez-les dans la cocotte et laissez cuire pendant 5 min en remuant. Incorporez ensuite la pomme, la banane et la mangue. Versez le jus d'orange, le jus de citron vert et le bouillon. Ajoutez aussi les tomates et l'ail. Salez et poivrez, puis couvrez la cocotte. Portez à ébullition avant de réduire le feu et de laisser mijoter pendant 50 min. Retirez de temps en temps la graisse qui apparaît à la surface.

3 Vérifiez l'assaisonnement et servez bien chaud avec du chutney de mangue et du riz blanc.

Pour varier_ Ajoutez ½ piment rouge finement haché en fin de cuisson.

la botte secrète d'aude et leslie

Nous, on adore troquer le jus d'orange contre du lait de coco...

le verre de vin qui va bien

Quelque chose de raffiné : un sancerre blanc. Ou quelque chose de simplissime comme une bière chinoise très fraîche.

Sauté d'agneau aux asperges

PRÉPARATION 30 MIN | **CUISSON** 1 H 10 | **COÛT** ★★ | **DIFFICULTÉ** ★★

→ TRÈS SIMPLE À FAIRE ET SI BON AVEC LES PREMIÈRES ASPERGES D'AVRIL...

1 Coupez la viande en cubes ou faites-le faire par votre boucher. Salez-la et poivrez-la. Épluchez et coupez les oignons. Dans une cocotte, faites chauffer un peu d'huile de tournesol et faites rissoler la viande 10 min environ avec les oignons. Procédez par petites quantités pour que tous les morceaux soient bien colorés.

2 Réunissez toute la viande dans la cocotte et ajoutez la farine. Faites cuire à feu modéré pendant 5 min tout en mélangeant. Versez ensuite le vin et faites bouillir, toujours en remuant, pendant 2 min. Coupez les tomates en cubes. Hachez l'ail. Incorporez les tomates, l'ail, le bouquet garni, le fond de volaille et le concentré de tomate dans la cocotte. Portez à ébullition. Retirez la graisse qui apparaît en surface avec une cuillère.

3 Couvrez la cocotte et laissez mijoter à feu doux pendant 45 min environ. Goûtez la viande : elle doit être tendre. Salez et poivrez. Éliminez le bouquet garni et dégraissez la sauce avec une cuillère.

4 Épluchez les asperges. Réunissez-les en deux bottes avec de la ficelle de cuisine et cuisez-les dans de l'eau bouillante salée en les conservant légèrement fermes.

5 Égouttez les asperges, puis coupez-les en trois dans la largeur. Hachez la ciboulette. Ajoutez les asperges et la ciboulette dans la sauce. Faites chauffer à feu vif en remuant, et laissez mijoter encore 5 min environ. Servez bien chaud.

Les ingrédients pour 6 à 8 personnes

1,5 kg d'épaule d'agneau sans os
2 oignons
huile de tournesol
1 cuil. à soupe de farine bombée
20 cl de vin blanc sec
4 tomates
3 gousses d'ail
1 bouquet garni
60 cl de fond de volaille, ou de veau, maison (voir recette p. 117) ou déshydraté du commerce
1 cuil. à soupe de concentré de tomate
20 asperges
1 botte de ciboulette
sel et poivre noir

Astuce_ Panachez des asperges blanches, vertes et sauvages...

le verre de vin qui va bien

Un bourgogne-passetoutgrain.

recettepourépater…

Ris de veau aux champignons

PRÉPARATION 30 MIN | **CUISSON** 45 MIN | **COÛT** ★★★ | **DIFFICULTÉ** ★★

→ TELLEMENT CHER… MAIS TELLEMENT BON !

1 Placez les ris dans une casserole d'eau froide et portez à ébullition. Égouttez-les et refroidissez-les à l'eau courante. Éliminez ensuite les membranes caoutchouteuses avec un petit couteau. Épluchez et hachez les échalotes. Coupez le céleri en petits dés. Hachez finement le poireau et coupez les cèpes en tranches.

2 Faites fondre la noix de beurre dans une poêle à feu modéré. Ajoutez les ris de veau, salez-les et poivrez-les. Faites-les dorer pendant 7 à 8 min en les retournant de temps en temps. Ajoutez les échalotes, le céleri et le poireau. Couvrez la poêle et laissez suer pendant 2 à 3 min, toujours à feu modéré, en remuant de temps en temps. Ajoutez les cèpes, couvrez à nouveau et faites cuire encore 5 min.

3 Ajoutez le porto blanc et laissez bouillir un moment, le temps que l'alcool s'évapore. Ajoutez ensuite le bouillon de veau. Portez à ébullition, couvrez la poêle et laissez mijoter 30 min. Mélangez la farine avec 50 g de beurre ramolli.

4 Sortez les ris de la sauce et gardez-les au chaud. Ajoutez la crème et le mélange farine et beurre dans la sauce en fouettant. Replacez les ris dans la sauce. Ajoutez la noix de muscade et le poivre de Cayenne. Salez, poivrez et laissez mijoter un court moment. Servez bien chaud dans des assiettes creuses, sur un lit d'épinards frais juste blanchis à l'eau salée.

Les ingrédients pour 4 à 6 personnes

500 g de ris de veau
6 échalotes
1 petite branche de céleri
1 blanc de poireau
500 g de cèpes
1 belle noix + 50 g de beurre
15 cl de porto blanc
30 cl de bouillon ou de fond de veau maison (voir recette p. 117) ou déshydraté du commerce
35 g de farine
25 cl de crème fraîche
2 pincées de noix de muscade
1 pincée de poivre de Cayenne
sel et poivre noir fraîchement moulu

le verre de vin qui va bien

Du champagne…

Fricassée de volaille à l'ancienne

PRÉPARATION 30 MIN | **CUISSON** 55 MIN | **COÛT** ★★ | **DIFFICULTÉ** ★★

1 Coupez le poulet en morceaux ou faites-le faire par votre boucher. Salez et poivrez les morceaux. Faites fondre le beurre dans une cocotte à feu moyen. Faites « raidir », c'est-à-dire cuire sans colorer, les morceaux de volaille pendant 10 min. Retournez-les une fois. Épluchez et hachez l'oignon, la carotte, le blanc de poireau, le céleri et les gousses d'ail. Ajoutez tous les légumes dans la cocotte et laissez cuire pendant 5 min en remuant de temps en temps.

2 Dans une casserole, portez à ébullition le fond de volaille. Ajoutez la farine dans la cocotte et faites cuire 5 min en mélangeant de temps en temps. Ajoutez le fond de volaille bouillant et le bouquet garni. Couvrez la cocotte et faites mijoter pendant 40 min.

3 Pendant ce temps, préparez la garniture. Pressez le demi-citron. Assemblez les champignons, les oignons nouveaux, le beurre et le jus du demi-citron dans une casserole. Ajoutez 10 cl d'eau, du sel et du poivre. Couvrez, portez à ébullition et laissez cuire pendant 10 min environ. Égouttez et réservez.

4 Quand le poulet est cuit, retirez le bouquet garni. Ajoutez la crème, rectifiez l'assaisonnement si nécessaire et incorporez les oignons et les champignons cuits dans la cocotte. Portez à petite ébullition pendant 1 min et servez sans attendre avec des pommes de terre vapeur.

Les ingrédients pour 4 à 6 personnes

1 poulet fermier
40 g de beurre
1 oignon
1 carotte
1 blanc de poireau
1 branche de céleri
2 gousses d'ail
60 cl de fond de volaille maison (voir recette p. 116) ou déshydraté du commerce
40 g de farine
1 bouquet garni
25 cl de crème fraîche
sel et poivre

Pour la garniture

½ citron
500 g de champignons de Paris
300 g d'oignons nouveaux
40 g de beurre

la botte secrète d'aude et leslie

Essayez cette recette en ajoutant 1 belle cuil. à café de moutarde à l'ancienne dans la crème fraîche. Trop bon !

le truc de stéphan

Pour la sauce, prenez bien de la crème fraîche et non de la crème liquide. La première a été fermentée et sa saveur est bien plus riche.

le verre de vin qui va bien

Un bourgogne-aligoté.

Poule à la sauce suprême

PRÉPARATION 30 MIN | **CUISSON** 1 H 40 | **COÛT** ★ | **DIFFICULTÉ** ★★

→ UN CLASSIQUE À BIEN CONNAÎTRE.

1 Épluchez les oignons et les carottes. Placez la poule dans une marmite avec les ailerons de poulet et recouvrez-les d'1 cm d'eau froide. Portez à ébullition et retirez l'écume qui apparaît à la surface. Ajoutez tous les légumes et le bouquet garni, puis faites mijoter à feu doux pendant 1 h 30 sans couvrir.

2 Pendant ce temps, faites fondre le beurre à feu doux dans une casserole, puis ajoutez la farine. Mélangez avec un fouet et faites cuire, toujours à feu doux, pendant 1 min environ et ôtez du feu.

3 Égouttez la poule et les légumes en éliminant les ailerons. Disposez la viande et les légumes dans un plat, recouvrez de film alimentaire et gardez au chaud.

4 Dégraissez le bouillon de cuisson avec une cuillère et récupérez-en 65 cl. Versez-les dans une casserole et portez à petite ébullition. Ajoutez le mélange farine et beurre en fouettant. Ajoutez la crème, puis laissez mijoter très doucement la sauce pendant 5 min.

5 Goûtez la sauce, salez et poivrez à votre goût. Ajoutez quelques gouttes de jus de citron, puis servez-la avec la poule et ses légumes. Accompagnez ce plat de riz blanc et de légumes verts à la vapeur.

Les ingrédients pour 4 à 6 personnes

2 oignons
2 carottes
1 grosse poule
500 g d'ailerons de poulet
2 blancs de poireau
1 branche de céleri
1 bouquet garni
75 g de beurre
60 g de farine
35 cl de crème fraîche
1 citron
sel et poivre

le verre de vin qui va bien

Un graves blanc.

Poulet cocotte mère-grand aux cèpes

PRÉPARATION 30 MIN | **CUISSON** 1 H | **COÛT** ★★ | **DIFFICULTÉ** ★★

→ QUAND VOUS CONNAÎTREZ CETTE RECETTE, VOUS ATTENDREZ TOUTE L'ANNÉE LA SAISON DES CÈPES...

Les ingrédients pour 4 à 6 personnes

1 poulet fermier
huile de tournesol
100 g de lardons
300 g de champignons de Paris
300 g de cèpes (facultatif)
2 échalotes
200 g de petits oignons nouveaux
1 verre de vin blanc sec
30 cl de fond de veau maison (voir recette p. 117) ou déshydraté du commerce
1 noix de beurre
1 botte de ciboulette
sel et poivre noir

1 Coupez le poulet en morceaux ou faites-le faire par votre boucher. Salez et poivrez. Faites chauffer un peu d'huile de tournesol dans une cocotte, faites dorer le poulet à feu vif sur toutes les faces pendant 15 min environ.

2 Dans une casserole d'eau chaude, ébouillantez les lardons. Coupez les champignons de Paris en tranches. Émincez les cèpes et hachez les échalotes. Éliminez la graisse de la cocotte et ajoutez les lardons, les oignons, les champignons de Paris, les cèpes et les échalotes. Mélangez, couvrez la cocotte et laissez cuire pendant 5 min.

3 Versez le vin blanc, laissez bouillir 5 min, puis ajoutez le fond de veau. Couvrez et laissez cuire pendant 35 min. Dégraissez la sauce avec une cuillère. Ajoutez la noix de beurre, mélangez et rectifiez l'assaisonnement si nécessaire.

4 Hachez la ciboulette et saupoudrez sur le poulet. Servez-le avec ses champignons et son jus de cuisson bien chaud.

le tuyau de laurence

Si vous en avez une grosse envie hors saison, vous trouverez de délicieux champignons, quel que soit le mois de l'année, au rayon des surgelés.

le verre de vin qui va bien

Essayez un irouléguy.

Coquelets sautés aux échalotes et estragon

PRÉPARATION 15 MIN | **CUISSON** 45 MIN | **COÛT** ★★ | **DIFFICULTÉ** ★★

→ VOICI QUELQUE CHOSE QUI CHANGE... ET VRAIMENT FACILE À FAIRE.

1 Coupez les coquelets en deux ou faites-le faire par votre boucher. Salez et poivrez. Faites chauffer un peu d'huile de tournesol dans une cocotte, faites revenir les coquelets pendant 15 min en les retournant de temps en temps pour bien les faire dorer. Hachez les échalotes. Éliminez la graisse de la cocotte et ajoutez les échalotes. Mélangez et laissez cuire 2 min. Versez le vinaigre et le vin blanc. Laissez bouillir 2 min environ.

2 Ajoutez le fond de veau, couvrez la cocotte et laissez mijoter doucement pendant 25 min environ. Retirez les coquelets et réservez-les dans un plat. Retirez la graisse du jus de cuisson avec une cuillère. Mélangez la Maïzena avec 3 cuil. à soupe d'eau et versez cette préparation dans la sauce en fouettant. Portez à toute petite ébullition et laissez cuire 2 min.

3 Hachez l'estragon. Salez et poivrez la sauce. Ajoutez l'estragon et la noix de beurre en mélangeant. Versez ce jus sur les morceaux de coquelets et servez aussitôt avec une bonne purée de pommes de terre ou des pâtes au beurre.

Les ingrédients pour 4 personnes

2 coquelets
huile de tournesol
6 échalotes
5 cl de vinaigre de xérès
15 cl de vin blanc
35 cl de fond de veau maison (voir recette p. 117) ou déshydraté du commerce
1 cuil. à soupe rase de Maïzena
2 bottes d'estragon
1 noix de beurre
sel et poivre noir

le verre de vin qui va bien

Servez une bouteille de beaujolais-villages.

Lapin mijoté aux champignons

PRÉPARATION 30 MIN | **CUISSON** 1 H | **COÛT** ★★ | **DIFFICULTÉ** ★★

1 Faites découper le lapin en morceaux par votre boucher. Lavez tous les champignons rapidement à l'eau courante. Attention, ils ne doivent pas être gorgés d'eau. Hachez finement les échalotes et la gousse d'ail. Salez et poivrez le lapin.

2 Dans une cocotte assez grande, faites chauffer un peu d'huile d'arachide et faites dorer tous les morceaux de lapin à feu vif pendant 15 min environ. Ajoutez la farine, mélangez, puis réduisez légèrement l'intensité du feu. Couvrez la cocotte et laissez cuire ainsi pendant 10 min environ en retournant le lapin de temps en temps.

3 Ajoutez les échalotes dans la cocotte et laissez-les cuire quelques minutes à feu doux sans les laisser brûler. Ajoutez tous les champignons. Mélangez, couvrez la cocotte et laissez cuire à feu doux pendant 6 à 8 min en mélangeant délicatement de temps en temps.

4 Versez le vin blanc. Faites bouillir, couvrez et laissez mijoter 5 min. Versez le fond de veau et laissez cuire lentement pendant 30 min à couvert. Ôtez la cocotte du feu. Retirez la graisse de la sauce avec une cuillère. Incorporez enfin le beurre, le persil et l'ail en agitant délicatement avec une cuillère en bois. Servez aussitôt.

Les ingrédients pour 4 à 6 personnes

1 lapin
200 g de petits champignons de Paris
200 g de girolles
200 g de cèpes
100 g de trompettes-de-la-mort
4 échalotes
1 gousse d'ail
huile d'arachide
1 cuil. à soupe de farine
20 cl de vin blanc sec
40 cl de fond de veau maison (voir recette p. 117) ou déshydraté du commerce
2 belles noix de beurre
2 cuil. à soupe de persil plat
sel et poivre noir

la botte secrète d'aude et leslie

Et pour aller plus vite, utilisez des champignons surgelés...

le verre de vin qui va bien

Servez un blanc ou un rouge léger de Loire.

Petit salé aux lentilles

REPOS 6 H | **PRÉPARATION** 20 MIN | **CUISSON** 2 H | **COÛT** ★ | **DIFFICULTÉ** ★★

1 Dans un grand saladier, faites dessaler la viande à l'eau froide pendant 6 h en changeant l'eau une fois.

2 Rincez, égouttez, puis placez la viande dans une marmite. Couvrez la viande d'eau froide à fleur, puis portez à ébullition. Retirez l'écume, ajoutez les gousses d'ail pelées entières et laissez cuire à petit bouillon 2 h. Pendant ce temps, pelez les oignons, piquez les clous de girofle dans l'un d'eux et coupez l'autre en quartiers.

3 Pelez et coupez en rondelles les carottes, les navets et le céleri-rave. Mettez tous les légumes avec les lentilles dans une casserole et couvrez largement d'eau froide. Ajoutez le bouquet garni et poivrez. Portez à ébullition, puis laissez mijoter 30 à 40 min environ. Égouttez les lentilles avec leur garniture et éliminez l'oignon piqué et le bouquet garni.

4 Égouttez le petit salé au terme de la cuisson et coupez-le en morceaux. Disposez les lentilles, les légumes et la viande dans un plat de service. Arrosez d'un peu de bouillon. Saupoudrez de persil ciselé au dernier moment. Vous pouvez aussi servir ce plat avec des cornichons et de la moutarde.

Les ingrédients pour 6 à 8 personnes

1,5 kg de petit salé
2 gousses d'ail
2 oignons
2 clous de girofle
2 carottes
2 navets
100 g de céleri-rave
400 g de lentilles du Puy
1 bouquet garni
½ botte de persil
sel et poivre

le tuyau de laurence

À tester de toute urgence avec du curry ! S'il vous reste du petit salé, coupez la viande en dés, mélangez-la aux lentilles, assaisonnez d'une vinaigrette et dégustez froid... top !

le verre de vin qui va bien

Servez un pécharmant, vin rouge bien charpenté et sympathique produit vers Bergerac, en Dordogne.

Poulet mijoté au lait de coco, citron vert et citronnelle

PRÉPARATION 20 MIN | **CUISSON** 55 MIN | **COÛT** ★★ | **DIFFICULTÉ** ★★

Les ingrédients pour 4 à 6 personnes

1 poulet
2 oignons
4 gousses d'ail
1 pomme
1 mangue
1 tige de citronnelle
1 aubergine
2 tomates
3 cuil. à soupe de coriandre
4 cuil. à soupe d'huile d'arachide
20 cl de fond de volaille maison (voir recette p. 116) ou déshydraté du commerce
30 cl de lait de coco
1 citron vert
sel et poivre noir

1 Coupez le poulet en morceaux ou faites-le faire par votre boucher. Épluchez et hachez les oignons et les gousses d'ail. Épluchez et épépinez la pomme. Pelez la mangue et coupez des morceaux tout autour du noyau. Épluchez et émincez la tige de citronnelle. Coupez l'aubergine en petits dés et émincez les tomates. Hachez la coriandre.

2 Salez et poivrez les morceaux de poulet. Faites chauffer l'huile d'arachide dans une cocotte suffisamment grande. Faites dorer, à feu assez vif, les morceaux de poulet pendant 10 min environ. Retournez-les de temps en temps.

3 Videz la graisse de la cocotte, versez un peu d'huile propre, puis ajoutez les oignons et l'ail. Mélangez bien et laissez cuire 5 min à feu modéré. Pendant ce temps, mixez la pomme avec la mangue. Ajoutez l'aubergine dans la cocotte, faites cuire encore 5 min à feu doux et à couvert. Mélangez de temps en temps pour que le fond n'accroche pas.

4 Ajoutez ensuite les fruits mixés, la citronnelle, les tomates, le fond de volaille et le lait de coco. Portez à ébullition et laissez mijoter 35 min à couvert. Pressez le citron vert. Retirez la graisse de la sauce, puis incorporez la coriandre et le jus du citron vert. Salez et poivrez.

Pour varier_ Amateurs de sensations fortes, ajoutez 1 petit piment épépiné en début de cuisson.

la botte secrète d'aude et leslie

Pour jouer à fond la carte sucrée-salée, ajoutez des petits morceaux d'abricots secs et quelques raisins secs dans la cocotte.

le verre de vin qui va bien

Proposez cette recette avec un saumur-champigny.

Poulet mijoté aux poivrons et thym frais

MARINADE 1 NUIT | **PRÉPARATION** 30 MIN | **CUISSON** 55 MIN | **COÛT** ★★ | **DIFFICULTÉ** ★★

1 La veille, épépinez les poivrons et coupez-les en lanières plus ou moins régulières. Effeuillez les branches de thym. Coupez le poulet en morceaux. Dans un grand saladier, mélangez les morceaux de poulet avec les poivrons, le thym et 6 cuil. à soupe d'huile d'olive. Couvrez et placez au réfrigérateur pendant 1 nuit.

2 Le lendemain, séparez les légumes et la viande dans deux assiettes. Commencez par faire sauter le poulet avec un peu d'huile d'olive dans une cocotte chauffée à feu vif pendant 15 min environ. Épluchez et écrasez les gousses d'ail. Épluchez et coupez les oignons en tranches plutôt fines. Quand les morceaux de viande sont bien dorés, éliminez la graisse, remplacez-la, puis ajoutez l'ail et les oignons. Mélangez et laissez cuire à couvert et à feu modéré pendant 5 min.

3 Coupez les tomates. Ajoutez les poivrons dans la cocotte, salez et poivrez. Mélangez, couvrez et laissez cuire pendant 5 min. Incorporez enfin les tomates, le vin et le coulis. Couvrez et laissez mijoter à couvert pendant 30 min. Hachez grossièrement les feuilles de la botte de basilic, puis incorporez-les au poulet au terme de la cuisson.

Les ingrédients pour 4 à 6 personnes

4 poivrons (jaunes, rouges et verts)
2 belles branches de thym frais
1 poulet fermier
huile d'olive
6 gousses d'ail
2 oignons
4 tomates
20 cl de vin rosé
10 cl de coulis de tomate
1 botte de basilic
sel et poivre

le verre de vin qui va bien

Proposez un tavel, par exemple. Au passage, dégustez-le un peu avant en apéritif, c'est un vrai plaisir...

Pot-au-feu de jarrets

REPOS 1 NUIT | **PRÉPARATION** 15 MIN | **CUISSON** 3 H 30 | **COÛT** ★★★ | **DIFFICULTÉ** ★★

1 Faites tremper le jarret de porc dans de l'eau froide durant une nuit.

2 Le lendemain, plongez toutes les viandes dans une marmite d'eau froide (environ 4 à 5 l) et portez à ébullition. Éliminez l'écume qui se forme naturellement à la surface. Laissez cuire 30 min et retirez le veau et le porc. Poursuivez la cuisson à petit feu pendant 1 h. Replongez le veau et le porc et laissez cuire à nouveau 1 h, toujours à petit feu.

3 Ajoutez la garniture pour pot-au-feu, 1 cuil. à soupe de gros sel et les grains de poivre. Laissez cuire encore 1 h, très lentement.

4 À ce stade, toutes les viandes et les légumes doivent être parfaitement cuits. Égouttez-les délicatement et servez très chaud en essayant de répartir au mieux le bœuf, le veau et le porc dans les assiettes. N'oubliez pas de servir ce plat avec du gros sel, de la moutarde et des cornichons. Si vous servez le bouillon, dégraissez-le avant.

Les ingrédients pour 8 à 10 personnes

1 jarret de porc demi-sel

1,5 kg de jarret de bœuf tranché avec os

1 jarret de veau

1 garniture pour pot-au-feu

gros sel

10 grains de poivre noir

Astuce_ Vous trouverez la garniture pour pot-au-feu dans le rayon des fruits et légumes de votre supermarché.

Pour varier_ • Donnez une très agréable touche exotique à cette recette en y ajoutant le jus d'1 citron, 1 cuil. à soupe d'huile de sésame et 1 botte de coriandre hachée juste au moment de passer à table. • Vous pouvez aussi ajouter 2 ou 3 tiges de citronnelle en cours de cuisson.

le verre de vin qui va bien

Un saint-émilion ou un graves rouge.

Cailles mijotées au curry

PRÉPARATION 30 MIN | **CUISSON** 40 MIN | **COÛT** ★★ | **DIFFICULTÉ** ★★

1 Hachez l'oignon, le gingembre et les gousses d'ail. Coupez les poivrons en lanières. Pelez la pomme et coupez-la en petits dés.

2 Salez et poivrez les cailles. Faites chauffer un peu d'huile dans une cocotte suffisamment grande. Faites dorer les cailles pendant 8 à 10 min environ.

3 Retirez la graisse de la cuisson, versez un peu d'huile propre, puis ajoutez l'oignon, le gingembre, l'ail, les poivrons, la pomme, le curry et le sucre. Couvrez la cocotte, puis laissez cuire à feu doux pendant 5 min en remuant de temps en temps. Ajoutez les jus de fruits et le fond de volaille. Portez à ébullition et laissez cuire 5 min.

4 Versez le lait de coco. Faites cuire très lentement, à couvert, pendant 20 min. Salez et poivrez à votre convenance. Accompagnez cette recette de chutney de mangue.

Les ingrédients pour 4 personnes

- 1 oignon
- 1 cuil. à café de gingembre frais
- 2 gousses d'ail
- 1 poivron rouge
- 1 poivron vert
- 1 pomme
- 4 cailles prêtes à cuire
- huile d'arachide
- 2 cuil. à soupe de curry en poudre
- 1 cuil. à soupe de sucre en poudre
- le jus de 2 citrons verts
- le jus d'1 orange
- 25 cl de fond de volaille maison (voir recette p. 116) ou déshydraté du commerce
- 20 cl de lait de coco
- sel et poivre noir

la botte secrète d'aude et leslie

Avec une purée de pommes de terre à l'huile d'olive, c'est divin...

le tuyau de laurence

Si vous ne faites pas d'entrée, prévoyez 2 cailles par personne.

le truc de stéphan

Pas la peine de cuire les cailles pendant des heures, elles sont toutes petites et se dessèchent très vite...

le verre de vin qui va bien

Allez, un petit chinon, c'est toujours très agréable, surtout avec des recettes assez corsées comme celle-ci.

Mitonnée de légumes au pesto

PRÉPARATION 20 MIN | **CUISSON** 35 MIN | **COÛT** ★ | **DIFFICULTÉ** ★

→ UNE DÉLICIEUSE RATATOUILLE AGRÉMENTÉE DE PESTO AUX PIGNONS ET PARMESAN.

1 Épluchez et émincez les oignons. Épépinez et coupez les poivrons en lanières. Coupez l'aubergine et les courgettes en dés. Coupez les tomates en tranches.

2 Dans une cocotte, faites revenir les oignons et les poivrons pendant 5 min dans un peu d'huile d'olive. Ajoutez ensuite l'aubergine, les courgettes, les tomates et le thym. Salez et poivrez. Couvrez et laissez mijoter pendant 30 min en mélangeant de temps en temps.

3 Pendant ce temps, faites le pesto. Dans un mixeur, réduisez en fine purée l'ail, le basilic et l'huile d'olive avec le parmesan et les pignons de pin. Réservez le pesto dans un bol.

4 Lorsque les légumes sont cuits à votre goût (plus ou moins fermes), ôtez la cocotte du feu. Ajoutez le pesto et mélangez bien. Servez aussitôt, sur des pâtes fraîches ou avec du riz nature.

Les ingrédients pour 4 personnes

4 oignons nouveaux
1 poivron jaune
1 poivron vert
1 aubergine
2 courgettes
6 tomates
1 petite branche de thym frais
huile d'olive
sel et poivre

Pour le pesto

6 gousses d'ail
1 botte de basilic
6 cuil. à soupe d'huile d'olive
30 g de parmesan
30 g de pignons de pin

le tuyau de laurence

Tout aussi délicieux froid avec des pignons de pin et des copeaux de parmesan en plus !

le verre de vin qui va bien

Un rosé de Provence bien frais...

Fenouils mijotés au beurre d'herbes

PRÉPARATION 30 MIN | **CUISSON** 35 MIN | **COÛT** ★ | **DIFFICULTÉ** ★

1 Épluchez et émincez les oignons. Coupez les fenouils en quartiers. Émincez les tomates. Dans une cocotte, faites sauter les oignons dans un peu d'huile d'olive pendant 1 ou 2 min. Ajoutez les fenouils et faites-les dorer légèrement pendant 5 min. Versez le vin blanc, laissez bouillir, puis incorporez les tomates, le bouquet garni et le fond de veau. Couvrez la cocotte et laissez mijoter à feu doux pendant 30 min.

2 Pendant ce temps, préparez le beurre d'herbes. Retirez le germe des gousses d'ail. Hachez les herbes fraîches. Dans un mixeur, réduisez en fine purée le beurre, l'ail et les herbes.

3 Quand les fenouils sont cuits à point, sortez-les de la cocotte et gardez-les au chaud entre deux assiettes. Faites réduire de moitié le jus de cuisson à feu vif, puis ôtez-le du feu. Ajoutez le beurre d'herbes en fouettant. Salez et poivrez si nécessaire.

4 Nappez les fenouils de sauce et parsemez de copeaux de parmesan. Servez bien chaud.

Les ingrédients pour 4 personnes

4 oignons nouveaux
4 bulbes de fenouil
4 tomates
huile d'olive
10 cl de vin blanc sec
1 petit bouquet garni
20 cl de fond de veau maison (voir recette p. 117) ou déshydraté du commerce
30 g de parmesan
sel et poivre

Pour le beurre d'herbes

2 gousses d'ail
4 cuil. à soupe d'herbes fraîches (celles de votre choix)
80 g de beurre frais

la botte secrète d'aude et leslie

Super bon avec de beaux pavés de saumon passés 15 min au four et préalablement marinés dans un mix d'huile d'olive, de sauce soja et de gingembre râpé...

le verre de vin qui va bien

Un chianti serait le bienvenu.

Poêlée de lotte au poivre

PRÉPARATION 20 MIN | **CUISSON** 15 MIN | **COÛT** ★★★ | **DIFFICULTÉ** ★

→ LA DÉLICATE CHAIR DE LOTTE ET LA FORCE DU POIVRE NOIR : UN PLAISIR À SAVOURER ENTRE AMIS...

1 Coupez les filets de lotte en morceaux, puis placez-les dans un saladier. Salez et saupoudrez de poivre concassé. Hachez les échalotes et le blanc de poireau. Faites chauffer 1 noix de beurre dans une poêle à feu modéré, faites cuire la lotte avec les échalotes et le poireau pendant 8 min environ en retournant les morceaux de poisson de temps en temps.

2 Retirez le poisson de la poêle, versez le vin blanc et laissez-le réduire de moitié. Ajoutez ensuite le fumet et la crème. Faites bouillir la sauce pendant 2 min environ. Hachez la ciboulette.

3 Ôtez la sauce du feu, ajoutez 1 noix de beurre et la ciboulette en fouettant. Plongez le poisson dans la sauce pour le réchauffer, mais ne faites plus bouillir la préparation. Vérifiez l'assaisonnement et servez aussitôt avec des pommes de terre à la vapeur.

Les ingrédients pour 4 personnes

500 g de filets de lotte
2 échalotes
½ blanc de poireau
2 belles noix de beurre
10 cl de vin blanc sec
10 cl de fumet de poisson
20 cl de crème fraîche
1 botte de ciboulette
sel
2 pincées de poivre noir concassé

le verre de vin qui va bien

Avec une belle recette comme ça, proposez un graves blanc.

Poêlée de langoustines minute

PRÉPARATION 20 MIN | **CUISSON** 5 MIN | **COÛT** ★★★ | **DIFFICULTÉ** ★

→ UNE AUTRE MANIÈRE DE DÉGUSTER LES LANGOUSTINES... À PRÉPARER EN ENTRÉE, EN MAI ET JUIN, QUAND ELLES SONT UN PEU MOINS CHÈRES.

1 Salez et poivrez les langoustines. Dans une cocotte, faites chauffer un fond d'huile d'olive à feu vif. Faites sauter les langoustines pendant 4 min environ. Remuez très souvent mais délicatement.

2 Retirez les germes des gousses d'ail. Mixez finement l'ail avec le persil et le beurre. Ajoutez cette préparation aux langoustines, mélangez et couvrez la cocotte. Laissez cuire ainsi pendant 5 min environ en remuant de temps en temps.

3 Pour vérifier la cuisson, décortiquez 1 queue de langoustine : elle doit être blanche, ferme et bien juteuse. Servez aussitôt les langoustines avec leur jus, que vous pouvez déguster avec un peu de pain frais ; mmm...

Les ingrédients pour 4 personnes

600 g de langoustines fraîches
huile d'olive
6 gousses d'ail
1 botte de persil plat
80 g de beurre
sel et poivre

la botte secrète d'aude et leslie

À servir avec une belle salade de haricots verts croquants et lamelles de champignons crus assaisonnée d'huile de noisette et de vinaigre balsamique.

le truc de stéphan

Pour réussir cette recette, un impératif : la fraîcheur absolue des langoustines. Si vous n'êtes pas sûr de leur qualité, renoncez à la faire et attendez le prochain arrivage.

le verre de vin qui va bien

Proposez un bourgogne blanc avec ces superbes langoustines.

Calmars sautés aux oignons nouveaux, les préférés d'Aude

PRÉPARATION 20 MIN | **REPOS** 15 MIN | **CUISSON** 5 MIN | **COÛT** ★★★ | **DIFFICULTÉ** ★★

→ UNE RECETTE D'AUDE QUI, QUESTION BONNES CHOSES, NE SE TROMPE JAMAIS...

1 Faites vider, laver et couper les calmars par votre poissonnier. Chez vous, passez-les sous l'eau froide, puis épongez-les soigneusement avec un torchon propre. Épluchez les oignons nouveaux et, si possible, conservez une partie des fanes vertes si elles ne sont pas flétries.

2 Coupez les calmars en lanières d'1 petit cm de large, puis placez-les dans un saladier. Émincez les oignons et ajoutez-les aux calmars. Salez et poivrez. Mélangez et laissez reposer pendant 15 min environ.

3 Faites chauffer à feu vif l'huile d'olive dans une grande poêle. Quand celle-ci commence à fumer, ajoutez les calmars et faites-les sauter à feu très vif 3 à 4 min en mélangeant assez souvent.

4 Hachez la coriandre. Placez les calmars dans un plat, arrosez-les de sauce soja et saupoudrez de coriandre. Servez aussitôt avec des légumes verts sautés.

Les ingrédients pour 4 personnes

600 g de calmars frais
2 bottes d'oignons nouveaux
1 bon filet d'huile d'olive
1 botte de coriandre
6 cuil. à soupe de sauce soja
sel et poivre

le truc de stéphan

Ne tentez pas de faire cette recette avec des calmars ou des seiches surgelés que l'on trouve dans le commerce, car leur qualité est médiocre. Ne prenez que des calmars extra-frais.

le verre de vin qui va bien

Une bière chinoise bien fraîche.

Moules sautées aux courgettes et safran

PRÉPARATION 20 MIN | **CUISSON** 10 MIN | **COÛT** ★★ | **DIFFICULTÉ** ★★

→ UN MARIAGE INSOLITE MAIS PLUTÔT RÉUSSI...

1 Dans une cocotte, faites cuire les moules avec le vin blanc pendant 7 à 8 min, puis laissez-les refroidir un court moment. Décortiquez les moules et conservez tout le jus de cuisson dans un bol.

2 Préparez la sauce. Hachez les tomates cerise. Dans le bol d'un mixeur, assemblez l'huile d'olive, le vinaigre, les 2 cuil. à soupe de jus de cuisson des moules, la ciboulette et les tomates. Salez, poivrez et réduisez le tout en une sauce pas trop mixée : elle doit contenir encore des morceaux de tomate. Goûtez, rectifiez l'assaisonnement si nécessaire, et réservez.

3 Émincez les oignons et coupez les courgettes en rondelles. Dans une poêle, faites chauffer à feu vif le filet d'huile d'olive. Ajoutez les oignons et laissez cuire pendant 2 min en remuant souvent. Incorporez les courgettes. Salez, poivrez et faites cuire à feu moyen pendant 5 à 6 min environ. Ajoutez les moules décortiquées, le safran et 10 cl de jus de cuisson. Mélangez et laissez cuire 2 min.

4 Disposez la préparation dans un plat de service. Nappez les courgettes et les moules de sauce, et servez aussitôt avec du riz complet cuit à l'eau.

Les ingrédients pour 4 personnes

2 l de moules prêtes à cuire
10 cl de vin blanc sec
1 botte d'oignons nouveaux
3 courgettes
1 bon filet d'huile d'olive
2 pincées de safran en pistils

Pour la sauce

6 tomates cerise
6 cuil. à soupe d'huile d'olive
2 cuil. à soupe de vinaigre de xérès
2 cuil. à soupe de jus de cuisson des moules
1 botte de ciboulette
sel et poivre

le verre de vin qui va bien

Une bouteille de quincy juste fraîche.

Poêlée de morue aux pommes de terre

PRÉPARATION 30 MIN | **CUISSON** 25 MIN | **COÛT** ★★ | **DIFFICULTÉ** ★

→ BONNE À LA SORTIE DE LA POÊLE MAIS ENCORE MEILLEURE RÉCHAUFFÉE...

1 Dans une grande casserole d'eau frémissante, faites cuire la morue pendant 20 min environ. Égouttez le poisson et, avec une fourchette, émiettez délicatement les filets en éliminant les arêtes, le cas échéant.

2 Épluchez les pommes de terre. Dans une casserole d'eau bouillante, faites-les cuire pendant 25 min environ, elles doivent être encore très légèrement fermes. Égouttez-les, laissez-les refroidir, puis coupez-les en rondelles. Émincez les oignons et les gousses d'ail.

3 Dans une grande poêle, faites chauffer le filet d'huile d'olive à feu assez vif, puis ajoutez les pommes de terre et le poisson. Faites colorer légèrement pendant 5 min en mélangeant délicatement. Ajoutez ensuite les oignons et l'ail. Laissez cuire 10 min à feu moyen. Ajoutez les feuilles de basilic et mélangez.

4 Disposez la préparation dans un plat de service. Pressez dessus les citrons verts, saupoudrez de poivre de Cayenne et de persil plat.

Les ingrédients pour 4 personnes

500 g de morue sous-vide dessalée
500 g de pommes de terre
1 botte d'oignons nouveaux
6 gousses d'ail nouveau
1 bon filet d'huile d'olive
1 botte de basilic
2 citrons verts
2 pincées de poivre de Cayenne
½ botte de persil plat

la botte secrète d'aude et leslie

Nous, on adore utiliser des petites pommes de terre de Noirmoutier dans cette recette. Même pas besoin d'enlever la peau...

le verre de vin qui va bien

Un beau juliénas, vin généreux et raffiné.

Poêlée de crevettes persillade

PRÉPARATION 20 MIN | **CUISSON** 10 MIN | **COÛT** ★★★ | **DIFFICULTÉ** ★★

→ À FAIRE EN PLEIN ÉTÉ, EN VACANCES, AVEC DES AMIS...

1 Décongelez les crevettes. Avec une paire de ciseaux, coupez-les en retirant la partie comprenant les antennes et les yeux. Placez-les dans une assiette. Salez et poivrez-les des deux côtés. Épluchez l'ail et dégermez les gousses si nécessaire. Effeuillez le persil et hachez-le. Pressez le citron.

2 Faites chauffer à feu vif le filet d'huile d'olive dans une grande poêle. Quand celle-ci est très chaude, mettez les crevettes à cuire de 5 à 7 min (selon la taille) en faisant attention aux projections. Retournez les crevettes de temps en temps.

3 Ajoutez l'ail et le persil. Mélangez bien. Laissez cuire pendant 2 min, puis versez le jus de citron et le vin. Faites bouillir 30 s environ. Servez aussitôt avec une salade de poivrons, par exemple.

Les ingrédients pour 4 personnes

16 grosses crevettes surgelées
1 tête d'ail violet, ou mieux, d'ail nouveau
1 botte de persil plat
1 citron
5 cl de vin blanc sec
1 bon filet d'huile d'olive
sel et poivre

Pour varier_ Vous pouvez aussi faire la recette avec des queues de crevettes crues décortiquées. C'est bien plus facile à manger mais peut-être un peu moins savoureux...

le verre de vin qui va bien

Un petit saint-véran blanc, par exemple.

Poêlée de pétoncles poivre et sel

PRÉPARATION 20 MIN | **REPOS** 15 MIN | **CUISSON** 2 MIN | **COÛT** ★★ | **DIFFICULTÉ** ★★

→ UN SOUVENIR RAMENÉ DE PETITES ÎLES SITUÉES AU LARGE DE SHANGHAI...

1 Faites décongeler les pétoncles et épongez-les avec du papier absorbant. Épluchez les oignons et émincez-les avec leurs fanes vertes si elles ne sont pas flétries. Dans un saladier, assemblez les pétoncles et les oignons. Salez, poivrez et réservez.

2 Lavez le poireau et épluchez le gingembre. Coupez la ciboulette, le poireau et la noix de gingembre en bâtonnets assez fins avec un couteau bien coupant. Réservez dans trois bols.

3 Dans une grande poêle, faites chauffer le filet d'huile d'arachide à feu vif. Faites cuire les pétoncles pendant 2 min environ. Remuez de temps en temps. La chaleur doit être très vive : les pétoncles doivent colorer mais ne surtout pas bouillir dans leur jus, ce qui se produit toujours lorsque le feu n'est pas assez vif ou que la poêle est trop petite.

4 Disposez les pétoncles dans un plat de service. Recouvrez-les délicatement de ciboulette, de poireau et de gingembre. Ajoutez un peu de poivre du Sichuan (1 ou 2 tours de moulin) et servez sans attendre.

Les ingrédients pour 4 personnes

500 g de pétoncles surgelés
1 botte d'oignons nouveaux
½ blanc de poireau
1 belle noix de gingembre frais
1 botte de ciboulette
1 bon filet d'huile d'arachide
sel et poivre du Sichuan

le verre de vin qui va bien

Une bière chinoise fraîche, rien d'autre...

Poêlée de cabillaud à l'ail nouveau et au basilic

PRÉPARATION 20 MIN | **MACÉRATION** 15 MIN | **CUISSON** 10 MIN | **COÛT** ★★★ | **DIFFICULTÉ** ★★

→ CETTE RECETTE M'A ÉTÉ DONNÉE PAR LHORY, LE FIN CORDON-BLEU DE L'AUBERGE DU FITIDAY, À PORT-AU-PRINCE. SUR PLACE, ON UTILISE UN AUTRE POISSON, LE TIKOBA, MAIS LE CABILLAUD CONVIENT TRÈS BIEN.

1 Épluchez les gousses d'ail et coupez-les en fines tranches. Effeuillez la botte de basilic et hachez sommairement les feuilles. Dans un saladier, assemblez le poisson avec l'ail, le basilic, 4 cuil. à soupe d'huile d'olive, du sel et du poivre. Laissez reposer 15 min.

2 Épépinez le piment rouge et émincez-le finement.

3 Dans une poêle chauffée à feu modéré, faites cuire les pavés de poisson et leur marinade pendant 6 à 8 min environ en les retournant : le poisson doit dorer un peu mais l'ail et le basilic ne doivent pas brûler. Faites cuire le riz selon les indications que vous trouverez sur l'emballage. Égouttez-le, salez et poivrez. Agrémentez-le d'1 filet d'huile d'olive et répartissez dans des assiettes.

4 Pressez les citrons verts. Posez les pavés sur le riz, saupoudrez de piment émincé. Arrosez de jus de citrons verts et servez aussitôt.

Les ingrédients pour 4 personnes

20 gousses d'ail nouveau
1 belle botte de basilic
4 pavés de cabillaud sans peau ni arêtes
4 cuil. à soupe d'huile d'olive + 1 filet
1 piment rouge
200 g de riz
2 citrons verts
sel et poivre

la botte secrète d'aude et leslie

Pour une touche toute verte, ajoutez des petites têtes de brocolis et des pointes d'asperges dans le riz. *So delicious* !

le verre de vin qui va bien

Prenez un bourgueil.

Poêlée de rougets au fenouil et tapenade

PRÉPARATION 20 MIN | **CUISSON** 7 À 8 MIN | **COÛT** ★★★ | **DIFFICULTÉ** ★★

1 Lavez, puis émincez les bulbes de fenouil. Faites-les sauter pendant 7 à 8 min environ dans une poêle à feu moyen avec un peu d'huile d'olive. Salez, poivrez et gardez-les au chaud dans un saladier.

2 Préparez la sauce. Assemblez la tomate, le demi-poivron, le basilic, le jus de citron et l'huile d'olive dans le bol du mixeur, et réduisez le tout en un coulis assez fin. Salez, poivrez et, si le coulis est trop épais, ajoutez un peu d'eau minérale.

3 Préparez la tapenade en mixant tous les ingrédients de la liste.

4 Salez et poivrez les rougets, puis faites-les cuire à la poêle avec un peu d'huile pendant 7 à 8 min (selon leur taille) en les retournant une ou deux fois.

5 Répartissez les fenouils sautés dans des assiettes de service. Posez les rougets dessus, puis nappez de sauce aux légumes. Servez aussitôt avec la tapenade que vous dégusterez à part comme de la moutarde.

Les ingrédients pour 4 personnes

3 bulbes de fenouil
huile d'olive
8 petits rougets
sel et poivre

Pour la sauce

1 tomate
½ poivron jaune
½ botte de basilic
1 jus de citron
5 cl d'huile d'olive

Pour la tapenade

150 g d'olives noires à l'huile dénoyautées
5 filets d'anchois à l'huile
8 petites câpres
1 gousse d'ail
3 cuil. à soupe d'huile d'olive

Astuce_ Vous pouvez décorer ce plat de quelques feuilles de basilic entières.

le tuyau de laurence

Mettez de grandes tranches de pain de campagne à griller, frottez-les avec 1 gousse d'ail et servez cette poêlée dessus.

le verre de vin qui va bien

Un gros-plan nantais de qualité.

Poêlée de « monsieur » aux poivrons

PRÉPARATION 25 MIN | **CUISSON** 20 MIN | **COÛT** ★ | **DIFFICULTÉ** ★

→ DANS LE SUD-OUEST, ON NOMME LE COCHON « MONSIEUR » ! POUR CETTE RECETTE, PRÉFÉREZ L'ÉCHINE À TOUT AUTRE MORCEAU.

1 Retirez les pépins des poivrons et coupez-les en morceaux. Épluchez et émincez les gousses d'ail. Nettoyez et émincez les oignons. Dans une poêle, faites chauffer l'huile d'olive à feu moyen. Faites sauter pendant 8 min les poivrons, l'ail et les oignons. Salez et poivrez. Les poivrons doivent rester légèrement croquants.

2 Salez et poivrez les tranches d'échine de porc. Faites chauffer l'huile d'olive dans une poêle et faites cuire les échines à feu assez vif pendant 8 à 10 min en les retournant deux ou trois fois.

3 Hachez l'échalote et préparez la vinaigrette en mélangeant tous les ingrédients dans un petit bol.

4 Disposez les poivrons cuits sur des assiettes chaudes, posez dessus les échines et nappez délicatement le tout de vinaigrette. Décorez avec quelques herbes fraîches (cerfeuil ou ciboulette).

Les ingrédients pour 4 personnes

Pour les légumes
- 2 poivrons verts
- 2 poivrons rouges
- 2 poivrons jaunes
- 4 gousses d'ail violet
- 4 oignons nouveaux
- 6 cuil. à soupe d'huile d'olive vierge

Pour la viande
- 4 tranches d'échine de porc
- 4 cuil. à soupe d'huile d'olive
- sel et poivre noir

Pour la vinaigrette
- 1 échalote
- 2 cuil. à soupe de vinaigre de xérès
- 8 cuil. à soupe d'huile d'olive vierge
- 2 pincées de poivre de Cayenne

le verre de vin qui va bien

Un bon beaujolais-villages.

Dirty rice

PRÉPARATION 20 MIN | **CUISSON** 20 MIN | **COÛT** ★ | **DIFFICULTÉ** ★

→ TOUT SIMPLE ET TOUT BON POUR ACCOMMODER LES RESTES...

Les ingrédients pour 4 personnes

- 500 g de riz blanc
- les restes d'1 poulet rôti
- ½ blanc de poireau
- 2 oignons nouveaux
- 4 gousses d'ail
- 6 champignons de Paris
- huile d'arachide
- 10 cl de fond de volaille maison (voir recette p. 116) ou déshydraté du commerce
- Tabasco
- sel et poivre

1 Faites cuire le riz selon les indications de son emballage.

2 Récupérez la chair du poulet rôti froid et émincez-la grossièrement. Émincez le demi-poireau, les oignons, les gousses d'ail et les champignons de Paris. Dans une grande poêle, faites chauffer un fond d'huile d'arachide à feu moyen. Ajoutez le poireau, les oignons, l'ail et les champignons. Mélangez bien et laissez cuire pendant 5 à 6 min environ.

3 Ajoutez la viande et poursuivez la cuisson pendant 5 min. Incorporez le riz et mélangez bien. Salez, poivrez et laissez cuire à feu modéré pendant 5 min.

4 Versez le fond de volaille, mélangez et laissez-le s'évaporer complètement. Finalisez la recette en ajoutant quelques gouttes de Tabasco avant de servir bien chaud.

Pour varier_ Vous pouvez remplacer le poulet par du rôti de porc froid ou du gigot froid

la botte secrète d'aude et leslie

Et quand vous n'avez pas de restes de poulet rôti, optez pour des petits lardons.

Nouilles sautées au porc

PRÉPARATION 25 MIN | **CUISSON** 15 MIN | **COÛT** ★ | **DIFFICULTÉ** ★

→ COMME AU RESTAURANT CHINOIS...

Les ingrédients pour 4 personnes

- 3 oignons nouveaux
- 1 cuil. à soupe de gingembre frais
- 1 cuil. à soupe d'ail
- ½ blanc de poireau
- 300 g de porc
- 300 g de nouilles chinoises fraîches
- huile d'arachide ou de tournesol
- 1 cuil. à café de purée de piment
- 6 cuil. à soupe de sauce soja
- 15 cl de fond de volaille maison (voir recette p. 116) ou déshydraté du commerce
- 1 cuil. à soupe rase de Maïzena
- 1 cuil. à soupe d'huile de sésame
- sel et poivre

1 Émincez les oignons. Hachez le gingembre et l'ail. Coupez le demi-poireau en fins bâtonnets et le porc en fines lamelles. Salez et poivrez la viande.

2 Dans un grand volume d'eau bouillante, faites cuire les nouilles chinoises. Refroidissez-les à l'eau courante et égouttez-les. Ne faites cette préparation que quelques minutes avant de commencer la recette sinon les pâtes colleront.

3 Dans une grande poêle, faites sauter à feu assez vif et dans un peu d'huile tous les légumes et la purée de piment pendant 1 à 2 min. Ajoutez le porc et laissez cuire pendant 5 min en mélangeant sans arrêt. Dans un bol, mélangez la sauce soja, le fond de volaille, la Maïzena et versez sur la viande. Portez à ébullition dans une casserole. Ajoutez l'huile de sésame et laissez cuire à petit feu pendant 1 min. Réservez.

4 Dans une poêle, faites sauter les nouilles salées et poivrées dans un peu d'huile et à feu assez vif pendant 5 à 6 min, puis placez-les dans un plat de service. Versez dessus la sauce au porc et servez aussitôt.

le tuyau de laurence

Pour le dépaysement, à servir dans des bols individuels... et pourquoi pas avec des baguettes !

le verre de vin qui va bien

Servez un chiroubles juste frais.

Poêlée paysanne au lard fumé

PRÉPARATION 20 MIN | **CUISSON** 30 MIN | **COÛT** ★ | **DIFFICULTÉ** ★

→ UNE BONNE RECETTE POUR CUISINER DES RESTES DE PETIT SALÉ... À NE FAIRE QU'AVEC DU CHOU VERT

1 Faites bouillir une grande casserole d'eau salée. Plongez les feuilles de chou et laissez cuire 1 min, pas plus, après la reprise de l'ébullition. Égouttez dans une passoire et faites refroidir à l'eau courante.

2 Épluchez les pommes de terre et coupez-les en dés. Faites de même pour la carotte et le céleri. Épluchez et émincez les oignons. Émincez grossièrement le petit salé cuit et coupez la poitrine fumée en lardons.

3 Dans une grande poêle, faites chauffer un peu d'huile d'arachide à feu assez vif et faites sauter les pommes de terre pendant 20 min en remuant souvent. Ajoutez ensuite les oignons, les carottes, le céleri et le chou. Salez, poivrez et laissez cuire 10 min en remuant souvent.

4 Incorporez ensuite le petit salé et les lardons. Poursuivez la cuisson pendant 5 min à feu modéré. Versez le fond de veau et ajoutez le thym. Portez à ébullition et laissez cuire 5 min. Vérifiez l'assaisonnement, puis ajoutez le beurre en mélangeant avec une cuillère en bois. Servez bien chaud.

Les ingrédients pour 4 personnes

- ½ chou vert
- 300 g de pommes de terre
- 1 carotte
- 1 branche de céleri
- 2 oignons blancs
- 300 g de petit salé cuit
- 50 g de poitrine fumée
- huile d'arachide
- 10 cl de fond de veau maison (voir recette p. 117) ou déshydraté du commerce
- 1 pincée de thym frais ou sec
- 1 noix de beurre

le tuyau de laurence

J'adore servir cette poêlée avec des petits croûtons aillés !

le verre de vin qui va bien

Proposez un chinon.

Poêlée de poulet au gingembre

PRÉPARATION 20 MIN | **CUISSON** 35 MIN | **COÛT** ★ | **DIFFICULTÉ** ★

Les ingrédients pour 4 personnes

4 cuisses de poulet
4 cuil. à soupe d'huile d'arachide
3 cm de gingembre frais
1 blanc de poireau
4 cuil. à soupe de miel liquide
6 cuil. à soupe de sauce soja
1 petite botte de coriandre fraîche
sel et poivre noir

1 Coupez les cuisses de poulet en deux ; salez et poivrez. Faites chauffer l'huile à feu assez vif dans une grande poêle et faites colorer les cuisses, côté peau, pendant 10 min environ. Lorsqu'elles sont bien dorées, retournez-les et faites cuire 20 min à feu moyen.

2 Coupez le gingembre et le poireau en fins bâtonnets. Retirez la graisse de cuisson de la poêle, ajoutez les 2/3 du gingembre et du poireau, et laissez cuire 3 min. Versez le miel, faites bouillir puis caraméliser sans laisser brûler.

3 Ôtez la poêle du feu et versez la sauce soja en ajoutant le reste de gingembre et de poireau.

4 Servez les cuisses dans des assiettes bien chaudes. Nappez-les de jus de cuisson et décorez avec la coriandre. Accompagnez cette délicieuse recette d'un riz blanc parfumé cuit nature.

Pour varier_ Vous pouvez aussi réaliser cette recette avec des mini-poireaux.

la botte secrète d'aude et leslie

Pour des plateaux-télé sympas, troquez les cuisses contre des blancs de poulet, suivez la recette telle quelle, puis servez la poêlée dans des Wrap (pains suédois) avec 1 feuille de salade et 1 rondelle de tomate.

le verre de vin qui va bien

Un mâcon rouge, vin délicieux avec les plats un peu exotiques comme ce poulet au gingembre.

Poêlée de polenta au veau et champignons

PRÉPARATION 30 MIN | **CUISSON** 15 MIN | **REPOS** 30 MIN | **COÛT** ★ | **DIFFICULTÉ** ★ |
MATÉRIE SPÉCIFIQUE 1 POÊLE DE 28 CM DE DIAMÈTRE

1 Lavez les champignons et coupez-les en dés plus ou moins réguliers. Hachez les échalotes et le cerfeuil. Faites fondre la noix de beurre à feu vif dans la poêle de 28 cm de diamètre, puis faites sauter les champignons avec les échalotes pendant 5 min en remuant souvent. Ajoutez le cerfeuil, puis videz cette préparation dans une assiette.

2 Préparez la polenta. Versez le lait dans une casserole. Ajoutez la noix de muscade, du sel et du poivre, puis portez à ébullition. Réduisez le feu au minimum. Versez la polenta en fouettant sans arrêt et portez lentement à ébullition. Laissez cuire 1 min dès la reprise de l'ébullition. La polenta devient alors épaisse et prend une belle couleur jaune dorée. Ajoutez les champignons, l'huile d'olive et le parmesan. Versez dans une assiette et laissez refroidir 30 min.

3 Coupez le veau en lanières. Salez et poivrez. Hachez les échalotes. Faites sauter et colorer le veau dans une grande poêle avec un peu d'huile d'olive. Ajoutez les échalotes, mélangez, puis versez le porto. Faites bouillir, puis versez la crème. Portez à ébullition, salez et poivrez. Laissez cuire 5 à 6 min. Dans une autre poêle, faites sauter la polenta coupée en morceaux pendant 3 à 4 min.

4 Ajoutez le basilic et le parmesan dans la poêle du veau. Servez aussitôt la polenta avec la viande en sauce.

Les ingrédients pour 4 personnes

Pour les champignons
300 g de champignons de Paris
2 échalotes
1 botte de cerfeuil
1 belle noix de beurre

Pour la polenta
22 cl de lait
1 pincée de noix de muscade
60 g de polenta
3 cuil. à soupe d'huile d'olive
2 cuil. à soupe de parmesan râpé
sel et poivre

Pour le veau et la sauce
300 g de veau
2 échalotes
huile d'olive
5 cl de porto blanc
25 cl de crème fraîche
1 botte de basilic
30 g de parmesan râpé
sel et poivre

le verre de vin qui va bien

Un barolo serait idéal...

Poêlée cantonaise

PRÉPARATION 30 MIN | **CUISSON** 8 MIN | **COÛT** ★★ | **DIFFICULTÉ** ★

→ À FAIRE VARIER AU GRÉ DES SAISONS, DU MARCHÉ, DE VOS GOÛTS....

1 Coupez les filets de poulet et les poivrons en lanières Coupez le gingembre, le poireau et le céleri en fins bâtonnets. Émincez les gousses d'ail et les oignons.

2 Salez et poivrez la viande et les crevettes, puis faites-les sauter à feu assez vif pendant 1 à 2 min dans une poêle avec un peu d'huile d'arachide. Réservez dans une assiette.

3 Versez 4 cuil. à soupe d'huile d'arachide dans une poêle très chaude et ajoutez le poireau, le gingembre et l'ail en remuant constamment pendant 1 min. Ajoutez ensuite les autres légumes et poursuivez la cuisson, toujours à feu vif pendant 1 à 2 min environ sans cesser de remuer.

4 Dans un petit bol, mélangez tous les ingrédients de la sauce. Versez cette préparation dans la poêle en ajoutant les morceaux de poulet et les crevettes. Mélangez délicatement et laissez cuire 30 s, pas plus.

5 Servez cette recette dans des petits bols et accompagnez-la d'un riz blanc nature.

Les ingrédients pour 4 à 6 personnes

200 g de filets de poulet sans peau
1 poivron rouge
1 poivron jaune
1 cm de gingembre frais
1 blanc de poireau
2 branches de céleri
2 gousses d'ail
4 oignons nouveaux
200 g de queues de crevettes crues
huile d'arachide
100 g de mange-touts
sel et poivre noir

Pour la sauce

4 cuil. à soupe de vinaigre chinois
4 cuil. à soupe de sauce soja
½ cuil. à café de sucre en poudre
quelques gouttes d'huile de sésame
ciboulette fraîche

le verre de vin qui va bien

Un saumur-champigny, en toute simplicité...

Poêlée sarladaise aux gésiers

PRÉPARATION 30 MIN | **CUISSON** 30 MIN | **COÛT** ★★ | **DIFFICULTÉ** ★

1 Dégermez l'ail et hachez le persil. Épluchez les pommes de terre et coupez-les finement. Placez-les dans un saladier sans les rincer. Faites-les sauter dans une grande poêle sur feu moyen avec la graisse d'oie ou de canard. Après 25 min de cuisson, ajoutez l'ail et le persil. Salez, poivrez et mélangez bien.

2 Égouttez et coupez en deux les gésiers. Ajoutez-les dans la poêle. Poursuivez la cuisson encore quelques minutes. Goûtez, vérifiez l'assaisonnement, puis servez bien chaud.

Les ingrédients pour 4 personnes

8 gousses d'ail
½ botte de persil plat
800 g de pommes de terre
4 cuil. à soupe de graisse d'oie ou de canard
300 g de gésiers d'oie ou de canard confits
sel et poivre

Pour varier_ • Si vous avez les moyens et, surtout, si vous savez les choisir et les acheter, remplacez l'ail et le persil par 1 petite truffe noire hachée. Incorporez-la en toute fin de recette et ne la cuisez pas plus de quelques secondes avec les pommes de terre.
• Remplacez les gésiers par du confit de canard.

la botte secrète d'aude et leslie

Après 20 min de cuisson, ajoutez dans la poêle des pommes de terre 1 belle poignée de cèpes nettoyés et émincés. C'est carrément bon !

le verre de vin qui va bien

Un bergerac ou un cahors, quoi d'autre ?!

Poêlée de brocolis et jambon de Parme au parmesan

PRÉPARATION 20 MIN | **CUISSON** 10 MIN | **COÛT** ★★ | **DIFFICULTÉ** ★

1 Séparez les petits bouquets des têtes de brocolis et, avec un petit couteau, épluchez la peau verte qui recouvre leur base (de cette manière les brocolis sont bien plus agréables à consommer). Émincez les oignons. Dans une poêle, faites chauffer 4 cuil. à soupe d'huile d'olive à feu modéré. Ajoutez les brocolis, les oignons, salez, poivrez et faites-les sauter pendant 4 à 5 min environ. Ajoutez 5 cl d'eau à mi-cuisson.

2 Coupez les tranches de jambon en lanières et détaillez le parmesan en copeaux à l'aide d'un couteau économe. Goûtez les brocolis : ils doivent être cuits mais rester assez croquants sous la dent et surtout, être bien assaisonnés. Répartissez-les sur quatre assiettes de service. Recouvrez-les des lanières de jambon, des tomates et des copeaux de parmesan.

3 Sur chaque assiette, versez 1 petit trait de vinaigre balsamique, 1 filet d'huile d'olive, puis saupoudrez de feuilles de basilic à peine hachées. Servez sans attendre : les légumes doivent être chauds et la garniture rester froide !

Les ingrédients pour 4 personnes

2 têtes de brocolis
4 oignons nouveaux
huile d'olive
6 tranches de jambon de Parme
50 g de parmesan
4 tomates confites (facultatif)
vinaigre balsamique
½ botte de basilic
sel et poivre

la botte secrète d'aude et leslie

Et si vous troquez le parmesan contre des dés de mozza, ça va fondre sur les légumes chauds. Un grand moment !

le verre de vin qui va bien

Un valpolicella... ou un vin corse, pourquoi pas.

Poêlée d'agneau orientale

PRÉPARATION 20 MIN | **CUISSON** 30 MIN | **COÛT** ★★ | **DIFFICULTÉ** ★

1 Dénervez, dégraissez et coupez l'épaule d'agneau en petits morceaux ou faites-le faire par votre boucher. Salez et poivrez. Hachez les oignons, les gousses d'ail, les poivrons et la coriandre. Coupez l'aubergine en dés et les tomates en tranches.

2 Faites chauffer à feu vif un fond d'huile d'arachide dans une grande poêle et faites dorer les morceaux d'agneau pendant 3 à 4 min environ en remuant de temps en temps. Retirez la viande de la poêle et réservez.

3 Videz la graisse de cuisson de la poêle, versez un peu d'huile, puis ajoutez les oignons, l'ail, les poivrons et l'aubergine. Couvrez et laissez cuire 10 min à feu moyen en remuant aussi souvent que nécessaire.

4 Ajoutez ensuite le cumin, le jus de citron, les tomates, le fond de volaille et les raisins. Portez à ébullition et laissez cuire 10 min.

5 Ajoutez la viande et son jus, laissez cuire 2 min. Ajoutez la coriandre et mélangez. Vérifiez l'assaisonnement et servez bien chaud.

Accompagnez cette recette de semoule nature.

Les ingrédients pour 4 personnes

500 g d'épaule d'agneau
2 oignons
4 gousses d'ail
1 poivron jaune
1 poivron rouge
1 botte de coriandre
1 aubergine
2 tomates
huile d'arachide
2 cuil. à soupe de cumin
1 jus de citron
30 cl de fond de volaille maison (voir recette p. 116) ou déshydraté du commerce
30 g de raisins secs
sel et poivre noir

le tuyau de laurence

J'adore ajouter ½ citron confit coupé en tout petits dés... voyage assuré !

le verre de vin qui va bien

Choisissez un vin rouge marocain ou libanais.

Sot-l'y-laisse sautés aux épices de Laurence

MACÉRATION 30 MIN | **PRÉPARATION** 20 MIN | **CUISSON** 10 MIN | **COÛT** ★★ | **DIFFICULTÉ** ★

→ ON TROUVE MAINTENANT ASSEZ FACILEMENT DES SOT-L'Y-LAISSE EN GRANDES SURFACES AU RAYON DES VOLAILLES. CES PETITS MORCEAUX SONT TRÈS SAVOUREUX ET FONDANTS, ET LAURENCE LES PRÉPARE TRÈS BIEN.

1 Dégermez les gousses d'ail et émincez-les. Émincez aussi le poireau et les oignons avec leurs fanes. Hachez les feuilles de menthe. Coupez les sot-l'y-laisse en deux, puis placez-les dans un saladier. Mélangez-les à la main avec les épices, le miel, le vinaigre, l'ail, le poireau et les oignons. Salez, poivrez et laissez macérer pendant 30 min environ.

2 Versez de l'huile d'olive dans une grande poêle et chauffez à feu vif. Ajoutez la viande marinée et faites sauter à feu vif en remuant assez souvent pendant 3 à 4 min environ. Baissez un peu l'intensité du feu et poursuivez la cuisson pendant 3 min environ.

3 Placez la viande dans un plat de service. Pressez les oranges et versez le jus dans la poêle. Faites bouillir pendant 1 min 30 environ puis, hors du feu, ajoutez 3 cuil. à soupe d'huile d'olive et la menthe. Mélangez bien, puis versez cette sauce sur la viande. Servez aussitôt avec de la semoule nature ou du boulgour.

Les ingrédients pour 4 personnes

4 gousses d'ail
1 blanc de poireau
8 oignons nouveaux
6 feuilles de menthe
500 g de sot-l'y-laisse de dinde
3 pincées de cannelle
2 pincées de mélange quatre-épices
3 pincées de cumin
2 cuil. à soupe de miel
2 cuil. à soupe de vinaigre de xérès
huile d'olive
2 oranges
sel et poivre

le verre de vin qui va bien

Un rouge libanais bien tannique et puissant.

Poêlée de tofu au piment et champignons

PRÉPARATION 25 MIN | **CUISSON** 15 MIN | **COÛT** ★ | **DIFFICULTÉ** ★

→ UNE DÉLICIEUSE RECETTE ORIENTALE TRÈS APPRÉCIÉE, SOUS UNE FORME UN PEU DIFFÉRENTE, DANS LE NORD DE LA CHINE...

1 Sortez délicatement le tofu de sa boîte, puis coupez-le en dés d'environ 1 cm de côté. Hachez les oignons, le demi-poireau, les champignons et la coriandre. Dans une poêle chauffée à feu moyen, faites cuire les oignons, le poireau et les champignons dans un peu d'huile pendant 6 min environ en mélangeant souvent. Salez et poivrez.

2 Ajoutez la purée de piment, le vinaigre, la sauce soja et le tofu. Mélangez très délicatement et laissez bouillir pendant 2 à 3 min. Assemblez le fond de volaille et la Maïzena et versez dans la poêle. Remuez et faites cuire à toute petite ébullition pendant 2 à 3 min en mélangeant de temps en temps.

3 Ôtez du feu et goûtez pour vérifier l'assaisonnement. Ajoutez l'huile de sésame, la coriandre et servez avec du riz nature.

Les ingrédients pour 4 personnes

500 g de « silk » tofu
4 oignons nouveaux
½ blanc de poireau
400 g de champignons de Paris
1 botte de coriandre
huile d'arachide
1 cuil. à soupe de purée de piment
2 cuil. à soupe de vinaigre chinois
6 cuil. à soupe de sauce soja
10 cl de fond de volaille maison
(voir recette p. 116)
ou déshydraté du commerce
1 cuil. à café de Maïzena
1 cuil. à soupe d'huile de sésame
sel et poivre

Astuce_ Vous trouverez le « silk » tofu et le vinaigre chinois dans les épiceries asiatiques.

le truc de stéphan

Le « silk » tofu se caractérise par une texture soyeuse très fondante. Lisez bien l'emballage pour ne pas vous tromper car il existe plus d'une sorte de tofu !

le verre de vin qui va bien

Avec ces recettes assez épicées, la bière très fraîche reste toujours une valeur sûre. Sinon prenez un rouge léger.

Poêlée « piperade » au parmesan

PRÉPARATION 30 MIN | **CUISSON** 15 MIN | **COÛT** ★ | **DIFFICULTÉ** ★

→ UNE DES MEILLEURES POÊLÉES À FAIRE, TRÈS FACILE, ET AUSSI BONNE CHAUDE QUE FROIDE.

Les ingrédients pour 4 personnes

6 oignons nouveaux
1 poivron vert
2 poivrons rouges
4 tomates
4 gousses d'ail
huile d'olive
12 œufs
80 g de parmesan
1 botte de basilic
sel et poivre

1 Épluchez les oignons e[illegible]z-les en tranches. Épépinez les poivrons e[illegible]-les en gros dés. Coupez les tomates en tranc[illegible] et hachez l'ail.

2 Versez de l'huile d'olive dans une poêle et chauffez à feu vif. Ajoutez les oignons et faites-les cuire en remuant pendant 1 min. Ajoutez les poivrons. Comptez 5 min de cuisson en remuant souvent. Incorporez enfin les tomates et l'ail. Salez, poivrez, couvrez la poêle et faites cuire 5 min.

3 Fouettez les œufs. Salez et poivrez. Versez-les dans une autre poêle chauffée à feu vif avec un fond d'huile d'olive. Mélangez aussitôt en décollant les œufs qui durcissent rapidement au fond de la poêle. Lorsque les œufs ont la texture que vous souhaitez, ôtez la poêle du feu et ajoutez les légumes cuits. Mélangez, salez et poivrez si nécessaire, et ajoutez le parmesan.

4 Présentez la piperade dans un plat de service, saupoudrez de basilic, agrémentez d'1 filet d'huile d'olive et servez aussitôt.

Pour varier_ • Ajoutez 2 cuil. à soupe de pecorino râpé à votre piperade : elle aura encore plus de goût. • Servez-la avec 1 coulis de tomate agrémenté de basilic haché.

la botte secrète d'aude et leslie

Pour une note *spicy*, ajoutez quelques pincées de piment d'Espelette dans les œufs battus. Ça va chauffer !

le verre de vin qui va bien

Servez un faugères bien robuste.

Poêlée d'ananas, vodka et gingembre au cacao de Leslie

PRÉPARATION 20 MIN | **CUISSON** 5 MIN | **COÛT** ★★ | **DIFFICULTÉ** ★

→ UN ANANAS ET UN PEU DE VODKA : UNE RECETTE VRAIMENT ORIGINALE. DÉCIDÉMENT, LESLIE SAIT Y FAIRE !

1 Coupez les deux extrémités de l'ananas et jetez-les. Pelez ensuite le fruit. Après cette opération, il reste encore des petits cercles de peau assez durs et incrustés dans la chair du fruit, éliminez-les tous avec un petit couteau car ils sont très indigestes. Avec un gros couteau, coupez l'ananas en quatre dans le sens de la hauteur. Éliminez le centre du fruit qui est ligneux et dur, puis coupez les chairs en tranches d'1 cm d'épaisseur environ. Mélangez-les avec le sucre et le gingembre.

2 Faites fondre le beurre dans une poêle à fond antiadhésif. Lorsque celui-ci est moussant, ajoutez les tranches d'ananas et faites-les sauter et colorer pendant 3 min environ. Ajoutez ensuite la vodka. Laissez cuire encore quelques secondes, puis ôtez du feu.

3 À l'aide d'une cuillère, pour éviter de vous brûler, répartissez les tranches d'ananas et leur jus dans quatre petites assiettes à dessert. Saupoudrez-les aussi équitablement que possible de cacao en poudre. Servez aussitôt pour ne pas laisser refroidir.

Les ingrédients pour 4 personnes

1 bel ananas bien mûr

2 cuil. à soupe de sucre roux en poudre

1 cuil. à café de gingembre frais râpé

1 noix de beurre

6 cuil. à soupe de vodka

1 cuil. à soupe de cacao en poudre

Astuces_ • Pour saupoudrer le cacao en poudre sur les ananas de façon équitable, mettez-le dans une passoire à thé que vous agiterez au-dessus des fruits. • Vous pouvez aussi présenter cette poêlée dans des verrines. Effet garanti !

le tuyau de laurence

Vous pouvez émietter quelques spéculoos sur le dessus des ananas juste au moment de servir. C'est un vrai régal...

le verre de vin qui va bien

Un petit coteaux-du-layon.

Poêlée de pêches citronnelle-menthe

PRÉPARATION 20 MIN | **CUISSON** 5 MIN | **COÛT** ★★ | **DIFFICULTÉ** ★

→ VOICI UN DESSERT QUE JE PRÉPARAIS DANS UN DES RESTAURANTS OÙ J'AI ÉTÉ CHEF : IL EST VITE DEVENU UN CLASSIQUE DE LA MAISON !

1 Plongez les pêches dans une grande casserole d'eau bouillante pendant 10 s, puis refroidissez-les dans un saladier d'eau. Épluchez-les, puis coupez-les en quartiers. Épluchez et émincez finement la citronnelle. Hachez les feuilles de menthe. Faites fondre 1 noix de beurre dans une poêle à fond antiadhésif. Lorsque celui-ci est moussant, faites sauter les pêches avec la citronnelle et le sucre pendant 3 à 4 min pour les colorer un peu.

2 Placez les quartiers de pêche dans quatre assiettes de service. Pressez les citrons et le pamplemousse, et versez le jus dans la poêle. Faites bouillir et réduire de moitié. Ôtez du feu, puis ajoutez la seconde noix de beurre et la menthe en fouettant.

3 Nappez les fruits de sauce et servez aussitôt.

Les ingrédients pour 4 personnes

- 6 belles pêches jaunes ou blanches
- 1 tige de citronnelle
- 6 feuilles de menthe
- 2 belles noix de beurre
- 4 cuil. à soupe de sucre roux
- 2 citrons verts
- 1 pamplemousse rose

Astuces_ • Agrémentez ces belles assiettes de quelques quartiers d'orange et de pamplemousse. • Présentée dans des verres à Champagne, cette poêlée a un petit quelque chose en plus. Avec des Mikados en déco, vous allez en surprendre plus d'un !

la botte secrète d'aude et leslie

Ah ! le bonheur d'un dessert qui surfe sur le chaud-froid...
Avec 1 petite boule de glace au nougat, c'est le paradis pour les papilles !

le verre de vin qui va bien

Un monbazillac servi assez frais.

Poêlée de mangue au rhum et orange sanguine

PRÉPARATION 20 MIN | **CUISSON** 10 MIN | **COÛT** ★★ | **DIFFICULTÉ** ★

→ ALLEZ, UNE PETITE RECETTE ASSEZ DÉROUTANTE MAIS TOUT À FAIT ORIGINALE. JE L'AVAIS MISE À LA CARTE D'UN RESTAURANT À NEW YORK OÙ J'ÉTAIS CHEF. UN FRANC SUCCÈS...

1 Faites décongeler les demi-mangues. Émincez les oignons. Faites fondre 1 noix de beurre dans une poêle à fond antiadhésif. Lorsque celui-ci est moussant, faites dorer doucement les oignons pendant 5 min environ. Ajoutez le mélange quatre-épices, les mangues et le miel. Faites légèrement caraméliser à feu vif pendant 4 à 5 min en surveillant de près. Disposez les mangues dans des assiettes de service.

2 Pressez les oranges. Versez le jus obtenu et le rhum dans la poêle. Faites bouillir et réduire de moitié. Ôtez du feu, puis ajoutez la seconde noix de beurre en fouettant. Nappez les fruits de sauce et servez aussitôt.

Les ingrédients pour 4 personnes

8 demi-mangues surgelées
4 oignons nouveaux
2 belles noix de beurre
1 belle pincée de mélange quatre-épices
3 cuil. à soupe de miel
2 oranges sanguines
6 cuil. à soupe de rhum

Pour varier_ Vous pouvez présenter les mangues avec des sorbets : le contraste de température est très agréable. Mais, attention aux dents sensibles !

le tuyau de laurence

J'adore cette recette avec du jus de mandarine, dans ce cas, utilisez 4 mandarines !

le verre de vin qui va bien

Un petit verre de rhum...

je veux en savoir plus !

Poêler est sans aucun doute la manière la plus rapide mais aussi la plus facile de cuire les aliments / SUR UNE PLANCHE À DÉCOUPER / Le cabillaud, la lotte, les saint-jacques, les crevettes, le calamar, la seiche, etc. / Quatre règles d'or / Son but était d'attendrir les morceaux coriaces / LE PRINCIPE EST SIMPLE / Faire chauffer la poêle avant de mettre la matière grasse / Dans la mesure du possible, ne coupez pas les produits plus d'1 h avant de les faire cuire / RÉDUISEZ L'INTENSITÉ DU FEU, AJOUTEZ LE BOUQUET / Pour le fond / Placez un couvercle sur la poêle / Mijoter : une autre technique simple / UNE COCOTTE EN FONTE / 1 belle branche de céleri avec ses feuilles / Le fond de volaille / Dans une marmite, recouvrez les ailerons de poulet d'eau froide / RETIREZ L'ÉCUME QUI APPARAÎT EN SURFACE / Toujours verser l'eau ou le fond bien froids et non chauds / IL DEVIENT TENDRE ET FONDANT / Saisir à feu vif / Cette technique permet de réaliser un très grand nombre de recettes

Je veux la technique !

Poêler : une technique simple

Principes

Poêler est sans aucun doute la manière la plus rapide mais aussi la plus facile de cuire les aliments. Utilisée par les débutants comme par les meilleurs chefs, cette technique permet de réaliser un très grand nombre de recettes françaises et étrangères dont asiatiques.

Dans tous les cas, le principe est simple : saisir à feu vif sur une surface plane des ingrédients coupés ou détaillés en menus morceaux et les cuire pendant un temps très restreint. Au fur et à mesure de leur cuisson, les produits dégagent de la vapeur d'eau ; en les recouvrant d'un couvercle, on accélère le processus.

But

Cuire vite en concentrant les saveurs dans les produits.

Quatre règles d'or

- Au moins 1/4 de la surface de la poêle doit rester libre.
- La proportion des aliments dans la poêle ne doit pas faire plus de 2 cm d'épaisseur.
- Faire chauffer la poêle avant de mettre la matière grasse.
- Ne démarrer la cuisson que lorsque la matière grasse est très chaude.

Produits possibles

- Toutes les viandes à cuisson rapide : l'avant du bœuf et du veau, le porc, le poulet, le canard, le lapin, etc.
- Tous les poissons et fruits de mer à chair ferme : le cabillaud, la lotte, les saint-jacques, les crevettes, le calamar, la seiche, etc.
- Les légumes et les fruits : tous sauf les légumineuses (haricots secs, etc.).

Matériel et matières grasses à utiliser

- Une poêle en fonte, une poêle à fond antiadhésif ou un wok. Dans certains cas, la plancha électrique ou à gaz.
- L'huile d'arachide, de tournesol, d'olive ou le beurre clarifié.

Comment poêler des aliments ?

1 Sur une planche à découper et avec un couteau bien coupant, détaillez les produits en dés, morceaux, bâtonnets, cubes ou autres formes de votre choix en faisant en sorte que leur section ne dépasse pas 2 ou 3 cm. Dans la mesure du possible, ne coupez pas les produits plus d'1 h avant de les faire cuire.

2 Placez une poêle propre et sèche sur feu très vif et laissez-la chauffer entre 30 s et 1 min, selon son épaisseur, pour la rendre brûlante.

3 Ajoutez la matière grasse, laissez chauffer 10 s, puis ajoutez les ingrédients à sauter. Faites cuire à feu vif en remuant très souvent. Salez et poivrez.

4 Placez un couvercle sur la poêle et laissez cuire encore quelques instants avant de servir. Cette opération n'est cependant pas toujours indispensable.

Mijoter : une autre technique simple

Principes

Mijoter est une technique de cuisson très ancienne qui permet d'élaborer une grande partie des recettes traditionnelles françaises. À l'origine, son but était d'attendrir les morceaux coriaces que la cuisson au feu ou à la cheminée ne parvenait pas à rendre agréable. Cette cuisson se fait avec l'eau : le collagène des viandes se modifie, d'une consistance dure et rebelle, il devient tendre et fondant. De la même façon, les fibres des végétaux se ramollissent. Dans ce type de cuisson, les principes nutritionnels des produits et leur goût se retrouvent en bonne partie dans le jus de cuisson.

But

Attendrir des viandes et obtenir un jus ou une délicieuse sauce de cuisson.

Quatre règles d'or

- Faire dorer les morceaux de viande dans un peu de matière grasse avant de les mijoter.
- Éliminer tout ou une partie de la graisse avant de verser le vin, l'eau ou le fond.
- Toujours verser l'eau ou le fond bien froids et non chauds.
- Réaliser les ¾ du temps de la cuisson à feu très doux avec un couvercle.

Produits possibles

Tous les morceaux longs à cuire comme la volaille, le lapin, ou certains fruits de mer tels que le poulpe.

Matériel

Une cocotte en fonte, en fonte émaillée ou à fond antiadhésif, un faitout, une casserole à fond épais.

Comment faire mijoter la viande ?

1 Faites chauffer la cocotte, puis versez un peu de matière grasse. Laissez chauffer, puis faites dorer les produits assaisonnés.

2 Penchez la cocotte au-dessus d'un bol et éliminez la graisse en retenant les aliments avec un couvercle.

3 Saupoudrez la viande de farine, et laissez cuire de 1 à 3 min à feu moyen en mélangeant souvent.

4 Versez le vin, le fond ou l'eau froids en mélangeant sans arrêt pour bien répartir la farine. Ajoutez le bouquet garni et portez à ébullition en remuant.

5 Réduisez l'intensité du feu pour obtenir une petite ébullition, mais constante. Couvrez et laissez cuire en remuant de temps en temps.

Les fonds indispensables

→ Le fond de volaille

Pour 3 l de fond environ
Temps de cuisson 1 h 30

Pour le fond
2 gros oignons
2 kg d'ailerons de poulet
2 grosses carottes
1 belle branche de céleri avec ses feuilles
1 feuille de laurier
8 grains de poivre

Pour le bouquet garni
1 botte de persil plat
1 tige de thym frais

1 Pelez les oignons. Dans une marmite, recouvrez les ailerons de poulet d'eau froide. Portez à ébullition à feu vif et retirez l'écume pendant 2 min. Ajoutez tous les légumes, le poivre et le laurier.

2 Réduisez l'intensité du feu, ajoutez le bouquet garni et le céleri. Laissez mijoter très lentement pendant 1 h 30 en dégraissant de temps en temps. Filtrez et laissez refroidir.

→ Le fond de veau

Pour 3 l de fond environ
Temps de cuisson 4 h

Pour le fond
2 gros oignons
2 grosses carottes
1,7 kg d'os de veau
1 feuille de laurier
1 belle branche de céleri avec ses feuilles
2 cuil. à soupe de concentré de tomate
8 grains de poivre

Pour le bouquet garni
1 botte de persil plat
1 tige de thym frais

1 Pelez les oignons et coupez-les en quartiers. Pelez les carottes et coupez-les en rondelles.

2 Préchauffez le four à 200 °C (th. 6-7). Posez les os sur une plaque et faites-les rôtir pendant 30 min au four. Ajoutez ensuite les oignons, les carottes et laissez cuire encore 30 min.

3 Versez les os de veau et les légumes dans une marmite. Recouvrez d'eau froide juste au niveau des ingrédients et portez à ébullition à feu vif. Retirez l'écume qui apparaît en surface pendant 1 à 2 min environ.

4 Réduisez l'intensité du feu, ajoutez le bouquet garni, le laurier, le poivre, le céleri et le concentré. Laissez mijoter très lentement pendant 3 h en retirant de temps en temps la graisse en surface. Ajoutez de l'eau dans la marmite au fur et à mesure de son évaporation. Filtrez et laissez refroidir.

À garder sous le coude

s'en sortir sans balance

→ Ce tableau vous donne les principales équivalences poids et volumes pour les ingrédients les plus courants.

Ingrédients	1 cuil. à café	1 cuil. à soupe	1 verre à moutarde
Beurre	7 g	20 g	–
Cacao en poudre	5 g	10 g	90 g
Crème épaisse	1,5 cl	4 cl	20 cl
Crème liquide	0,7 cl	2 cl	20 cl
Farine	3 g	10 g	100 g
Gruyère râpé	4 g	12 g	65 g
Liquides divers (eau, huile, vinaigre, alcools)	0,7 cl	2 cl	20 cl
Maïzena	3 g	10 g	100 g
Poudre d'amandes	6 g	15 g	75 g
Raisins secs	8 g	30 g	110 g
Riz	7 g	20 g	150 g
Sel	5 g	15 g	–
Semoule, couscous	5 g	15 g	150 g
Sucre en poudre	5 g	15 g	150 g
Sucre glace	3 g	10 g	110 g

Mesurer vos liquides

1 verre à liqueur = 3 cl

1 tasse à café = 8 à 10 cl

1 verre à moutarde = 20 cl

1 bol = 35 cl

Pour info

1 œuf = 50 g

1 noisette de beurre = 5 g

1 noix de beurre = 15 à 20 g

bien régler son four

→ Pas facile de connaître la température dans un four ! Voici une table très simple à utiliser et valable pour la plupart des appareils vendus dans le commerce.

Température (°C)	30	60	90	120	150	180	210	240	270
Thermostat	1	2	3	4	5	6	7	8	9

→ Les temps de cuisson donnés dans les recettes peuvent varier légèrement selon les types d'appareils. En effet, dans un four à chaleur tournante, les plats cuisent de manière plus homogène et plus vite que dans les fours qui chauffent à partir d'une source (four à gaz, four électrique).

Rappelez-vous aussi que pour réaliser une bonne cuisson, un préchauffage est toujours nécessaire.

les indispensables en cuisine

→ Pour cuisiner entre potes ou pour des potes sans souci, il faut avoir sous la main quelques produits tout simples, faciles à trouver.
Voici une petite liste de « basiques », grâce auxquels vous pourrez faire la grande majorité des recettes de cette collection.

Dans le placard

Épices

- Cannelle
- Coriandre
- Cumin
- Curry
- Gingembre
- Herbes de Provence
- Mélange quatre-épices
- Noix de muscade
- Paprika
- Poivre du moulin et concassé
- Thym
- Vanille en gousse

Liquides

- Huiles de tournesol, d'olive, de sésame et de noix
- Rhum (pour la pâtisserie)
- Vinaigres de vin, blanc, balsamique et de xérès
- Vin rouge et blanc sec

Condiments

- Moutarde forte et à l'ancienne
- Moutardes parfumées (à l'estragon, au poivre vert)
- Sauce pesto
- Sauce soja
- Sel fin et gros sel
- Tabasco
- Tapenade d'olives noires

Et aussi

- Amandes effilées
- Anchois, thon et sardines à l'huile d'olive
- Bouillon cube
- Câpres
- Chocolat à cuire et chocolat en poudre
- Cornichons
- Farine
- Fruits secs (amandes, raisins, pignons, noisettes, abricots, figues)
- Lait de coco
- Levure chimique
- Maïzena
- Miel
- Olives en boîte
- Pâtes de toutes formes
- Poudre de noisettes et poudre d'amandes
- Riz rond et riz parfumé
- Semoule
- Sucre en poudre, sucre glace et sucre vanillé
- Tomates en boîte, concentrées et séchées en bocal

Dans le réfrigérateur

Légumes

- Ail
- Carottes
- Citrons
- Échalotes
- Oignons
- Pommes de terre
- Tomates

Laitages et œufs

- Beurre
- Crème liquide
- Fromage frais
- Lait
- Œufs
- Parmesan

Et aussi

- Feuilles de brick
- Pâtes à tarte (brisée, sablée, feuilletée)

Dans le congélateur

Herbes et épices hachées

- Aneth
- Basilic
- Ciboulette
- Coriandre
- Gingembre haché
- Persil

Légumes

- Champignons de Paris
- Épinards
- Petits pois
- Tiges de citronnelle

Et aussi

- Pâtes à tarte (brisée, sablée, feuilletée)

avoir le bon matériel

→ Pas besoin de grand-chose pour faire de grandes recettes !
Voici une petite liste d'ustensiles à avoir dans la cuisine.

Cuire

- Casseroles (une grande et une petite)
- Moules à tarte et à pâtisserie
- Marmite en fonte
- Plaque à rôtir
- Poêles à fond antiadhésif (une grande et une petite)
- Wok (éventuellement)

Couper

- Aiguiseur à couteaux
- Couteau économe
- Gros couteau dit « éminceur »
- Petit couteau
- Petite planche à découper en plastique

Mélanger

- Saladiers
- Cuillères en bois
- Fouet
- Spatules

Divers

- Batteur électrique
- Essoreuse à salade
- Ficelle de cuisine
- Mixeur
- Passoires (une fine, une plus grosse), ou chinois
- Rouleau à pâtisserie
- Verre-doseur

Table des recettes

Retrouvez en couleur les « recettes pour épater ».

Table des matières

Ma recette qui dépote...

La cuisson saveur avec le gaz naturel

Profiter de la douceur d'instants partagés, de sourires et de fous rires autour d'un plat mitonné ensemble... C'est aussi goûter au confort de vie DolceVita qui, grâce au gaz naturel, nous offre une cuisine toute en saveurs.

Cuisiner avec le gaz naturel est une évidence. Précise et sûre, l'intensité de la flamme peut varier à loisir. Souple et modulable, elle saisit en toute puissance ou fait doucement mijoter, instantanément, d'un seul geste, comme par magie ! La cuisson au gaz naturel s'adapte à toutes les envies, pour des recettes toujours gagnantes. C'est un atout de plus pour réussir du plus simple au plus élaboré des repas !

UNE CUISSON SAVOUREUSE ET MOELLEUSE

En brûlant, le gaz naturel produit de l'humidité. Inutile donc de rajouter de l'eau en cours de cuisson aux plats qui cuisent au four. De plus, la cuisson dans un four alimenté au gaz naturel préserve les sels minéraux contenus dans les aliments. Viandes, poissons, volailles, tartes et gratins dorent lentement, tendrement et délicieusement...

UNE CUISSON SUR MESURE

La cuisson au gaz naturel, c'est aussi, aujourd'hui, avoir accès à de nombreuses innovations technologiques. Les brûleurs se sophistiquent en se dotant de fonctions sur mesure :

- le brûleur « wok » à double anneau de flammes permet de mitonner à l'orientale ou à l'asiatique, mais également de concocter d'inimitables confitures ;
- le brûleur « mijotop » transmet la chaleur, sans contact avec la flamme. Il est approprié aux cuissons délicates ;
- le brûleur « poissonnière » permet de cuire uniformément les poissons et viandes de grande taille.

Ces brûleurs nouvelle génération sont également pensés pour nous faciliter la vie. Plus efficaces en termes de puissance, ils sont aussi plus faciles à entretenir. Fini les grilles difficiles à nettoyer, les nouveaux brûleurs 3 branches se mettent directement au lave-vaisselle !

LA PRÉCISION EN PLUS

Pour un confort d'utilisation maximal, les cuisinières au gaz naturel sont pourvues de systèmes de réglage de haute précision.

L'allumage est instantané grâce au système électronique ; une seule main suffit pour allumer sous les casseroles ! Par ailleurs, sur les appareils les plus récents, un minuteur associé à chaque brûleur coupe automatiquement l'arrivée de gaz naturel quand le temps programmé est écoulé.

LE GAZ NATUREL, UNE ÉNERGIE ÉCONOMIQUE

Faire la cuisine au gaz naturel, c'est aussi choisir l'une des énergies les moins chères du marché qui, assortie à des équipements performants et à des tarifs ajustés à votre consommation annuelle, vous permet de cuisiner en toute liberté

POUR EN SAVOIR PLUS SUR LES OFFRES DOLCEVITA
Vous pouvez joindre un Conseiller Gaz de France au :
0 810 140 150 (prix d'un appel local)
ou vous connecter sur l'espace DolceVita du site
www.gazdefrance.fr

Le conseil DolceVita de Gaz de France

- ***Pour une bonne cuisson*** *et un meilleur entretien de vos ustensiles, utilisez toujours des casseroles aux diamètres adaptés à la taille des brûleurs de votre cuisinière. Réglez l'intensité de la flamme de sorte qu'elle ne dépasse pas les bords des récipients.*

Gaz de France
DolceVita

Remerciements

Pour toi, Guy-Guy, mon petit Rex du Poitou ! Quelques petites idées de recettes à mitonner à deux, with your Prisca chérie.
Bises à vous deux,

Steph

Lissa Streeter tient à dire un grand merci à Winnie Boland pour sa patience merveilleuse devant l'objectif et son aide précise dans la cuisine.
Elle remercie également les boutiques suivantes pour leur collaboration :
Alessi : p. 74 (fourchette) ; ArtisanArt (25 rue Colle, 75012 Paris) : pp. 31 et 72 (bols) ; BHV : pp. 69 (bols), 11 (assiette), 83 (boîte à pique-nique), 102 (set), 90 (bol) et 80 (bols en verre) ; le Bon Marché : pp. 83 (set) et 102 (torchon) ; CB2 : pp. 57 et 50 (sets) ; CMO : pp. 85 (set) et 80 (baguettes) ; Chiliwich chez Zero One One : p. 80 (set) ; Coin : p. 85 (bol et assiette) ; Cooperativa Sociale Prospettiva Muggia (www.prospettivacoop.com) : pp. 97, 19 et 88 (bols) ; Crate & Barrel : p. 34 (fourchette) ; Cristel au Bon Marché : p. 102 (poêle) ; Yves Deshouliers au Printemps : pp. 99 (assiette et bol) et 34 (assiette) ; Guy Degrenne : p. 74 (grande tasse) ; Habitat : pp. 19 (set), 22 (assiette), 97 (plateau) et 79 (serviette) ; Hugo Pott chez Zero One One : p.99 ; IKEA : p.42 (assiette et bol) ; Jars au Printemps : pp. 39 (bol), 14 (bol et tasse), 50 (assiette) et 12 (assiette et bol) ; Le Creuset : pp. 63 et 41 (cocotte) ; Marengo chez Zero One One : pp. 46 et 58 (bols) ; Monoprix : pp. 79 (assiette et couverts), 106 (verres), 77 (poêle), 74 (assiette), 16 (tablier, assiette et chemise !), 49 (tablier) et 36 (petite saucière et mini plat à gratin) ; Muriel Grateau : p. 71 (assiette) ; Paris Store : pp. 101 (bols), 49 (casserole), 32 (bols), 28 (bols), 57 (mini wok) ; Potiron : p. 104 (3 verres) ; Nomade : p. 55 (cuillère à riz en laiton) ; Staub : p. 20 (mini-cocotte) ; Zero One One : p. 90 (set).

Toutes les photos de reportage ont été réalisées par Philippe Vaurès-Santamaria.

Direction, Stephen Bateman et Pierre-Jean Furet
Responsable éditoriale, Brigitte Éveno
Conception graphique, Dune Lunel
Réalisation, Les PAOistes
Préparation de copie et corrections, Mélanie Le Neillon et Anne Vallet
Fabrication, Amélie Latsch
Partenariats, Sophie Augereau (01 43 92 36 82)

L'éditeur remercie Jennifer Joly et Florence Lescoffit pour leur aide précieuse et leurs relectures attentives.

Imprimé en Espagne par Graficas Estella - dépôt légal : septembre 2006
23.01.7166.01.4 • 2012371663